엄마
독립
선언

엄마 독립 선언

초 판 1쇄 2023년 02월 28일

지은이 전명희
펴낸이 류종렬

펴낸곳 미다스북스
총괄실장 명상완
책임편집 이다경
책임진행 김가영, 신은서, 임종익, 박유진

등록 2001년 3월 21일 제2001-000040호
주소 서울시 마포구 양화로 133 서교타워 711호
전화 02) 322-7802~3
팩스 02) 6007-1845
블로그 http://blog.naver.com/midasbooks
전자주소 midasbooks@hanmail.net
페이스북 https://www.facebook.com/midasbooks425
인스타그램 https://www.instagram/midasbooks

© 전명희, 미다스북스 2023, *Printed in Korea*.

ISBN 979-11-6910-174-5 03190

값 15,000원

미다스북스는 다음세대에게 필요한 지혜와 교양을 생각합니다.

스스로
삶을 설계하는
셀프 리더십
수업

전명희 지음

엄마
독립
선언

미다스북스

엄마의 독립 선언을 준비하며

　나는 엄마처럼 살고 싶지 않았다. 엄마는 남편과 자녀들을 뒷바라지하며 자신의 삶을 잠시 접어두었다. 자녀들은 다 성장하고 이제 좀 살 만하니 암이라는 병으로 62세에 돌아가셨다.

　나는 커리어를 가진 엄마이고 싶었다. 하지만 현실은 내 마음 같지 않았다. 결혼과 출산은 엄마인 나에게 활동적 제약을 많이 주었다. 일찍 돌아가신 엄마를 원망했다. 남들은 할머니에게 아이를 맡기고, 쉼도 있고 경력도 쌓아가는데…. 나는 마음 놓고 맡길 엄마가 없었다. 하루하루 불만과 불평만 늘어가고, 내 삶에 지쳐갔다. 남편과 싸움도 잦았다. 이런 삶을 원한 건 아니었다.

어느 순간, 아이들은 커가고 있었다. 남편은 사회적으로 성장하고 인정받는 자리에 올라가고 있었다. 나는 그 자리에 멈춰 있다. 가정에서도 사회에서도 나를 찾는 사람은 없었다. 세상은 계속 변하고 있는데 나의 시간은 멈춰 있었다. 누구의 잘못도 아니다. 모든 것은 나의 무지함이고 내 삶을 돌보지 못한 나의 잘못이다.

나는 엄마이자 나이다. 나는 자녀의 성장과 가정의 발전을 위해 노력해야 하는 리더이다. 현명한 가정 리더가 되기 위해 무기력함에서 독립을 준비하기로 했다. 준비되지 않는 사람은 완성된 독립을 찾을 수 없다. 엄마의 현명한 새 출발은 자신의 셀프 리더십에서 시작된다. 엄마의 셀프 리더십은 엄마 자신의 성장뿐만 아니라 자녀의 성장을 돕는다. 자녀에게 다양한 경험을 제공하고, 독립적인 사람으로 성장할 수 있도록 도울 수 있다. 엄마 자신을 통한 성장과 행복을 위해 끊임없이 도전하는 삶을 살았으면 한다.

마지막으로 이 책을 읽는 엄마들이 행복한 독립을 하길 원한다. 엄마는 가정과 사회의 중심이자, 가정 안에서 자녀들에게 첫 번째 멘토이기도 하다. 엄마의 독립은 엄마의 역할을 지우고 자신만의 삶을 찾는 것이 아니다. 엄마 자신의 삶에 대한 책임을 지고, 스스로 자신의 꿈을 실현할 수 있는 기회를 만들어갔으면 한다. 엄마의 성장하는 모습을 보는 자녀들 또한 자신의 가치와 능력을 인정함으로써 스스로의 독립을 준비하는 시간을 가질 수 있다고 생각한다. 따라서 엄마의 독립은 가정의 균형과 행복은 물론 사회에 선한 영향력을 줄 수 있다고 믿는다. 엄마 자신의 발견부터 시작해 삶의 긍정적인 성장을 하길 바란다.

목차

2장

엄마가 행복하지 않은 이유

5장
엄마 독립하라! 자신의 인생을 찾아라!

1장

엄마가 되면 행복할 줄 알았다

1

엄마가 되고 행복할 줄만 알았다

남편과 나는 7년이라는 긴 시간을 사귀었다. 마침내 2005년 5월 15일 스승의 날 결혼을 했다. 전공을 바꾼 남편은 아직 학생이었고, 나는 놀이학교의 부원장으로 일을 하고 있었다. 결혼 준비를 하면서도 학생 신분인 남편을 배려해 남들이 다 하는 화려한 결혼식을 기대하지 않았다. 결혼식은 대학교 학생회관에서 장학금을 내고 이용하였으며, 시험을 앞둔 남편을 위해 신혼여행도 가지 않았다. 친구들은 "일생에 한 번 있는 결혼식을 너무 간소하게 하는 것 아니야?"라고 이야기했다. 그때, 난 남들이 하는 모든 것들이 중요하다고 생각하지 않았다.

지금도 그 생각은 변함없지만, 한 가지 후회되는 건 신혼여행을 가지 못한 것이다. 1박 2일로 경기도 포천으로 내가 직접 운전을 해서 갔다. 어떤 펜션을 잡았는지 기억도 안 난다. 왜냐하면 워낙 예민했던 남편이 결혼식이 끝난 순간부터 너무 아팠기 때문이다. 하루 종일 화장실을 들락날락거렸기 때문에 나 또한 정신이 없었다. 첫 신혼여행에 대한 기억은 전혀 없다. 어느 날, 남편에게 우리가 갔던 신혼여행지가 어디였는지 기억 나냐고 물어봤다. "난 설사한 기억밖에 없어."라고 했다. 지금 생각해도 나의 결혼 생활 시작은 시트콤 같았다.

나는 결혼을 하고 아무 일도 없었던 것처럼 다시 출근을 시작했다. 결혼을 했다고 나의 생활이 크게 변하지 않았다. 각자의 일과 학업에 충실했고, 서로의 사생활을 존중했다. 어쩌면 우리는 오랜 시간 연애를 해와서 서로에 대한 큰 기대와 욕심이 없었을 수도 있다. 아침에 부인이 차려준 식사를 기대하는 것도, 맞벌이 부부가 퇴근 후 서로 알콩달콩 음식을 만들고 와인 한잔을 하는⋯. 그런 신혼부부의 달콤함이란 사실 없었던 것 같다. 나는 일하기 바빴고, 남편은 학업에 정신이 없었다. 결혼 전처럼 결혼 후에도 우리는 큰 변화 없이 시간을 보냈다.

2006년 7월 15일 큰아들이 태어났다. 이날 이후로 내 인생에 큰 변화가 오기 시작했다. 그때도 여전히 나는 일을 하고 있었다. 나는 내 일에 만족하며 일을 했고, 언젠가는 나만의 비즈니스를 하리라 꿈꾸며 일에 몰두했다. 그때만 해도 결혼을 하거나 아이를 낳아도 사회생활을 계속 지속할 수 있을 거라고 생각했다. 더욱이 부원장이라는 자리는 아이들의 수업보다 경영, 교사 및 교육 관리, 부모 상담 등 전반적인 운영과 관리에 책임을 지는 역할이라서 나에게는 더욱 큰 책임감이 있었다. 큰아이가 태어나고 한 달간의 육아휴직을 끝으로 다시 출근을 하려고 계획을 세웠다. 이때부터 현실 육아, 육아 고통이라는 단어가 내 발목을 잡을 줄 몰랐다.

한 달간의 육아휴직이 끝나고, 나는 베이비시터를 구하기 시작했다. 쉬울 줄 알았던 시터를 구하는 일이 이렇게 어려운 것인지 몰랐다. 내가 근무했던 놀이학교에는 아이를 케어해주시는 베이비시터들이 많이 계셨다. 청담동이라는 지역적 특성도 있었고, 전문직 맞벌이 부부들이 많았던 이유도 있었다. 학부모들과 상담을 할 때도 아이를 봐주는 시터들로 인해 힘들다든지, 시터 구하기 힘들다는 말을 듣지 못했다. 나는 시터 구하는 일이 힘든 문제라고 인식하지 못했다. 현실은 많이 달랐다. 우선 많은 면접을 보았음에도 마음에 드는 분들이 없었고, 마음에 들면 나와 근무시간이 맞지 않아 거절을 하시는 분들도 많았다.

아이를 낳기 전, 몇몇 학부모들이 "선생님은 아직 애가 없어서 몰라요."라는 이야기를 하면 불쾌감이 들었던 적도 있었다. 내가 엄마가 되어 보니, 엄마들의 마음이 이해가 되었다. 그들이라고 아이를 잘 봐주실 시터를 한 번에 찾을 리 없었을 테고, 아이를 맡기고 출근한다고 해서 100프로 마음 편하게 직장 생활을 할 수 있다고 말할 수 없기 때문이다. 그제서야 '아이를 낳고 직장을 그만둘 수밖에 없는 엄마들이 많겠구나.' 하는 생각도 들었다. 그건 생각만으로 접어두고 나의 현실은 어떻게든 출근 전에 시터를 찾아서 일주일 정도는 함께 아이를 보는 것이었다. 다행히 같은 동네 할머니 한 분께 연락이 왔고 서로 이야기를 하면서 괜찮다는 생각을 하게 되었다. 그렇게 어렵게 얻은 워킹맘으로서의 첫 출발을 시작하게 되었다.

　아이를 낳고 워킹맘이 된 이후, 나의 삶은 정신없이 바빴다. 24시간 근무를 하는 것처럼 느껴졌다. 그래도 직장에 나오면 조금은 마음의 여유를 갖는 것을 나 스스로 느꼈다. '이래도 되나?' 하는 약간의 죄책감마저 들었다.

　나는 워킹맘 엄마들을 상담할 때, "아이에게 미안해하지 마세요."라고 말했던 것이 엄마들을 공감하지 못한 행동이었다는 생각을 했다. 물론 그 말 또한 맞다. 단지 엄마 입장에서 배려하지 못한 말이라는 걸 엄마가 된 후에서야 깨닫게 된 것이었다. 워킹맘이 된 이후, 엄마들을 더 이해하고 공감하는 모습으로 그들에게 다가갔다.

하루는 〈엄마와 함께하는 프로그램〉 수업에 항상 시터와 왔던 아이가 그날은 어쩐 일인지 엄마도 함께 참석을 했다. 교사들과 나는 엄마랑 함께 온 아이가 오늘따라 더 즐거워 보인다고 이야기를 나누었다. 수업이 시작되고 아이와 함께 있던 엄마는 "이모랑 재밌게 수업하고 와. 엄마는 밖에서 기다리고 있을게." 하더니 밖으로 나가는 게 아닌가. 교실 밖에서 참관 유리를 통해 아이가 하는 활동들을 열심히 보고 있었다. '뜨악~ 이건 무슨 상황이지? 오랜만에 아이랑 함께 왔는데 수업에 함께 참여하지.' 하는 마음을 숨긴 채 그 엄마와 함께 수업하는 아이들의 모습을 참관했다.

내가 워킹맘이 되고 보니, 그때 그 엄마의 행동이 여러 가지로 이해가 가는 게 아닌가. 엄마는 오랜만에 쉬는 휴일이었다. 쉬는 날에 아이와 하루 종일 같이 보내야 하니 그 1시간만이라도 혼자만의 시간을 갖고 싶었을지도 모른다. 그게 아니라면 항상 시터와 단둘이 시간을 보내는 아이가 어떻게 수업에 참여하는지 직접 보고 싶었을지도 모르겠다. 엄마가 되기 전에는 아이 입장에서만 생각을 했던 내가 엄마가 된 후 엄마의 입장을 이해하고 공감하기 시작했다. 엄마가 되기 전에는 전혀 생각하지 못했던 엄마들이 원하는 휴식의 의미를 깨닫게 되었다.

임신을 하고 출산 예정일 2주 전까지 직장을 다녔다. 임신으로 인해 육체적으로 힘든 건 있었지만, 다른 엄마들처럼 입덧이 심하지도 않았던 타라 직장을 쉴 이유도 없었다. 더군다나 아이들의 수업에 참여하는 것이 다른 어떤 태교보다 좋다고 생각을 했다. 아이들이 노래를 부를 때는 나도 함께 크게 불렀고, 영어 수업 때는 원어민 선생님들의 발음에 귀를 쫑긋 세우고 수업에 집중을 했다. 물론 나에게 주어진 업무의 한 부분으로 열심히 한 것도 있지만 배 속에 있는 나의 아이에게 많은 것을 듣게 해주고 싶었다. 나 스스로 이것이야말로 진정한 태교라고 생각했다. 그렇게 엄마라는 직함을 얻는 동시에 나 자신보다는 우리 아이에게 필요한 모든 것에 초점을 맞추려고 했다.

인터넷에서 '태교'라는 단어만 쳐도 다양한 태교 수업이 많았다. 하지만 나는 내 일터 자체가 태교 수업이라고 생각하고 다른 예비 엄마처럼 태교 수업들을 수강하지 않았다. 자신만만하게 나 홀로 태교를 준비한 것이 문제였을까? 출산 이후 정보에 대해 너무 몰랐다.

사실, 나는 교육 기관에서 일한 경험들이 나의 육아에 도움이 될 거라고 생각했다. 누구보다 더 잘할 수 있을 거라는 자신감이 있었다. 그건 나의 자신감이 아닌 자만심이었다. 커리어우먼을 꿈꾸던 워킹맘으로서의 첫 출발부터 우왕좌왕한 내 모습이 실망스러웠다. 아이와 함께 행복을 느껴야 할 시간도 힘듦과 지침으로 다가왔다. 나는 그때 깨달았다. 엄마가 처음이라는 것을.

처음에는 시행착오가 있기 마련이지만 나는 나만 못하는 것 같았다. '왜 나는 이렇게 힘들지.'라는 생각을 많이 했다. 이런 시간을 계속 보내면 안 되겠다고 다짐했다. "엄마의 행복이 아이의 행복이다."라는 말처럼 내가 행복해야겠다는 생각을 했다. 문제는 무엇이 엄마의 행복인지 몰랐다. 누군가 나에게 "무엇을 할 때 행복해요?"라고 물어보는데 대답이 안 나왔다. 나는 여태껏 살면서 나의 행복에 대해 진지하게 생각해보지 않았기 때문이다. 그 많은 엄마들을 상담하면서 그들의 행복보다는 아이들의 행복에 초점을 맞춰 상담을 했기 때문이다. 분명 내가 상담했던 엄마들에게는 아이와 함께 행복하고 싶은 간절함이 있었을 거다.

아들 둘을 키운 지 17년이 지난 이 시점에 엄마의 행복이 무엇인지 찾아보려고 한다. 우리가 무엇을 알고자 할 때 수업을 듣는 것처럼, 행복에 대해서 알기 위해, 나를 알고 나에게 맞는 행복을 찾기 위한 여정을 떠나려 한다. 준비 없이 엄마가 된 그들에게 '행복'이라는 것을 모르고 지내는 하루에 대해 의미 있는 일상을 선물해주고 싶다.

　나는 "과거로 돌아가면 그 시절 열심히 살아볼 수 있었을 텐데…."라는 말을 안 좋아한다. 어차피 돌아갈 수 없는 일, 그건 후회일 뿐이다. 지금 의 나와 미래의 나에게 어떤 행복이 마주하게 될지 궁금하다. 그 과정 역 시 엄마인 '나' 스스로가 찾아야 할 몫이다.

2

행복하라고 말했지만, 정작 행복이 무엇인지 몰랐다

결혼을 하고 벌써 17년이 지났다. 그동안 둘째를 낳고 그 아이가 초6이 되었다. 아이들의 시간은 빠르게 지나가는데 나는 그 자리에 있는 기분이 자주 찾아온다.

영어 유치원에서 같이 일을 했던 실장님께 10년이 지나 연락이 왔다. 그 당시 실장님은 외국인 관리 및 행정 업무를 했다. 지금은 국제학교 이사로 근무를 하고 계셨다. 오랜 시간이 지났는데도 나를 기억해주고 먼저 연락을 해주신 것이 참 고마웠다. 미팅을 하는 내내 서로 지난 직장 생활에 대해 이야기를 나누었다. 이야기가 오갈수록 내가 얼마나 열심히 일을 했는지 또 다시 알게 되었다. 국제학교 이사님께서 본인이 만난 사람들 중 자기 사업처럼 철두철미하게 일하는 사람으로 나를 기억한다고 말했다. 과거의 나는 늘 최선을 다해 일을 했다.

큰애를 낳고 2년 정도 일을 하고 퇴사를 했다. 그 당시 프로젝트 사업이 생기며 일의 업무가 많아졌다. 퇴근이 늦어지면서 시터 이모님을 구할 수 없는 상황도 여러 번 있었다. 그런 상황이 반복되면서 나는 일을 그만두고 가정주부로서 육아를 시작했다. 처음 한 달은 너무 좋았다. 아침에 시터가 오기 전에 이유식을 준비할 필요도 없었다. 갑작스럽게 근무 시간에 아이가 아파서 병원에 가야 한다는 전화를 받는 일도 없었다. 항상 무슨 일이 일어날지 모른다는 마음을 갖고 조바심으로 일을 하지 않아도 되니 신났다. 시간적 제약이 없는 자유로운 시간, 그리고 내가 컨트롤할 수 있는 상황들이 나를 편하게 만들었다.

이때부터 다른 엄마들이 다 하는 문화센터(줄임말: 문센) 등록을 하고, 아이와 함께 다녔다. 문화센터 수업이 끝나면 카페에 가서 커피도 마시고 아이와 함께 쇼핑을 했다. 키즈 카페도 가서 아이가 노는 모습을 지켜보며 자유를 만끽했다. 한 달, 두 달 시간이 지나면서 퇴사 후 즐거웠던 나는 엄마의 생활에 지쳐가고 있었다. 왜 나는 이렇게 아이와 노는 것이 지치는지…. 내게 엄마 자격이 없는 건지 나 자신에 대해 의문이 생겼다. 다른 엄마들은 쇼핑을 하면서 어떤 옷이 예쁠지 이 옷 저 옷을 아이에게 갖다 대는 모습도 즐거워 보였다. 육아 소품을 사면서 좀 더 좋은 것을 사기 위해 여러 정보들을 찾아보는 모습도 스트레스가 전혀 없는 모습이었다. 나는 그런 것들에 즐거움을 찾지 못했다. 하루가 다르게 성장하는 아이 옷에 돈을 많이 쓰면 안 된다고 생각했다. 비싼 육아용품의 필요성을 느끼지도 못했다. 어쩌면 내가 풍족한 생활을 하지 못했기 때문에 항상 머릿속에 계산기가 떠올라서 그런 건지도 모르겠다. 나의 엄마 생활은 100% 행복하다고 말하지 못하면서 시간은 지나가고 있었다. 이것이 엄마의 행복일까? 내가 너무 큰 행복을 바라는 것이었을까? 남들은 아이의 성장하는 모습을 보며 행복을 느낀다고 하는데 내가 이기적인 건가? 내 안의 무엇이 행복을 막고 있는 건지 생각해보았지만 내가 할 수 있는 건 아무것도 없다는 생각이 들었다.

육아를 전담하며 그럭저럭 2년이라는 시간이 흘렀을 때, 알고 지내던 이사님께 연락이 왔다. 새로 영어 유치원을 오픈할 준비를 하고 계셨다. 기획부터 운영까지 맡아서 해줄 수 있냐고 나에게 물었다. 고민을 많이 했다. 예전과 똑같은 상황이 될 수도 있다는 두려움과 일을 하고 싶다는 생각이 나를 괴롭게 했다. 인생의 갈림길에서 나의 선택에 따른 생각지도 못한 상황들이 나의 머릿속에서 꼬리에 꼬리를 물고 뒤엉키기 시작했다. 결론은 "하고 싶다.", "한번 해보자."였다. 더욱이 나 스스로가 행복함과 만족감을 못 느끼며 생활하는 것이 나를 더 힘들게 한다는 걸 깨달았다. 육아가 힘들어서 탈출을 하고 싶은 마음은 아니었다. 육아를 하면서 나 자신도 행복하고 싶은 마음이었다. 물론 일을 하면서 육아를 병행한다는 것이 몇 배 힘든 일임을 경험을 통해 알고 있었다. 그 경험들이 나에게 앞으로 일어날 문제들을 예견할 수 있는 힘과 문제 해결 능력을 키워주었던 것도 사실이다. 그동안 남들이 나에게 직장을 그만두고 육아를 하니 좋겠다고 말했지만, 정작 나는 행복하지 않았다.

세상에는 많은 엄마가 있다. 육아만 해서 행복한 엄마도 있고, 나처럼 육아만 하기에는 결핍을 느끼는 엄마도 있을 것이다. 오랜 직장 생활을 하던 친구는 결혼과 동시에 직장을 그만두었다. 남편 직장 근처로 신혼집을 구하면서 자연스럽게 직장을 그만두게 되었다. 친구는 허니문 베이비로 신혼 생활을 즐기지도 못한 채 육아에 전념하게 되었다. 육아맘이 된 친구는 너무 행복하다고 했다. 아이가 5세가 될 때까지 어떤 교육 기관에도 보내지 않았다. 아이가 유치원에서 소풍이라도 가면 백화점에서 주문한 도시락처럼 다양하게 쌌다. 도시락 안에 햄 인형과 볶음밥 곰돌이들이 있었다. 자신이 직접 싼 도시락을 보여주며 셀프 칭찬과 함께 아이가 좋아할 생각에 행복해했다. 육아맘의 삶에 너무 행복해 보이는 친구가 대단해 보였다.

한편, 아들 둘을 키우는 열정맘이 있었다. 열정맘은 수없이 휴직과 복직을 반복했다. 동네에서 소문난 개구쟁이 아들 둘을 편하게 케어해줄 시터를 찾기는 쉽지 않았을 것 같다. 동네 엄마들은 열정맘에게 직장을 그만두고 아이들을 케어하면 안 되겠냐고 물어보기도 했다. 아이들이 하루 종일 놀이터에서 놀기만 하니 동네 엄마들은 걱정이 되었던 모양이다. 열정맘은 아이들에게 무슨 일이 있을 때마다 휴직을 했다. 다시 평범한 일상이 돌아오면 복직을 반복했다. 일을 좋아하는 열정맘이었다. 한동안 아이들이 안 보였다. 동네 엄마들이 이사를 갔는지 궁금해하던 차에 아이들이 한 남자와 놀이터에 나왔다. 알고 보니 아빠가 아이들을 위해 직장에 육아휴직을 냈던 것이었다.

육아를 선택하든 안 하든 개인의 선택이지만 자신을 행복하게 하는 것이 무엇인지 생각해 볼 필요가 있다. 육아를 행복해 하는 친구에게 직장을 다니길 강요하거나 워킹맘을 선택한 열정맘에게 일을 그만두게 한다고 상상해보자. 아이와 엄마 모두가 행복한 시간을 공유할 수 있을까? 서로에게 자신이 원하지 않는 삶을 강요할 때 행복한 육아가 될까? 아이와 엄마를 분리하여 '나'의 행복의 기준을 만드는 것이 필요하다. 엄마의 행복 기준은 다 다르다. 나만의 기준을 정하자. 그것을 위해 나와 아이와의 시간을 분리하고, 무엇이 나를 위한 것인지부터 생각해 볼 필요가 있다.

나에게 집중하여 생각을 해 보니, 나를 위한 시간과 아이를 위한 시간 분리가 필요하다는 것을 깨달았다. 그걸 알기까지 오랜 시간이 걸렸다. 이제 나와 아이가 공존하며 행복하기 위한 다음 스텝에 대해 생각해볼 시간이다.

3

타인의 행복 속임수에 빠져 불행의 씨앗을 심는 나

나는 다시 워킹맘이 되었다. 큰아이가 어린이집을 다니는 것을 빼고는 달라진 환경은 없었다. 남편은 여전히 당직과 근무를 번갈아 가며 일을 했다. 육아를 함께 할 수 있는 마음의 여유는 없는 상황이었다. 남편이 당직을 하고 온 날은 피곤한 몸으로 바로 침대로 들어갔다. 나와 아이는 남편이 편하게 잠을 잘 수 있도록 놀이터로 나갔다. 피곤한 남편에 대한 배려였다.

퇴근을 한 후 어린이집에서 아들을 픽업했다. 엄마와 놀고 싶어 하는 아들과 놀이터로 바로 직진했다. 우리가 놀이터에 가는 시간은 항상 늦은 오후였다. 신나게 놀던 아이들도 하나둘 집에 들어가는 시간이었다. 함께 놀 친구가 없는 아이를 위해, 나는 아들과 몸으로 놀아주었다. 술래 잡기, 그네 타기, 한 발 뛰기 등 친구들과 함께 하는 놀이를 나와 함께 했다. 마침 우리가 가는 시간에 항상 할머니와 함께 와서 노는 여자아이가 있었다. 내가 아들과 놀고 있으면 그 여자아이는 물끄러미 우리를 쳐다보고 있었다. 같이 놀자고 사인을 보내도 아이는 부끄러워 할머니 옆으로 숨었다. 그렇게 한두 번 마주치면서 할머니와 나는 동네 놀이터 친구가 되었다. 할머니는 일하는 며느리 대신 손주를 봐준다고 했다. 집이 멀었던 할머니는 아들 집 옆으로 이사까지 했다. 그 순간, 나는 부럽다는 생각을 했다. 그 며느리는 월급을 많이 받는 일을 하나? 공무원인가? 자신의 집까지 이사를 하며 손녀를 봐주시는 이유가 궁금했다.

나는 결혼 후, 시댁의 앞 동으로 신혼집을 정했다. 시어머니의 도움을 받고 싶었다. 물론 시어머니께서 육아를 도와주신다고 하셨다. 그 말을 나는 아무 의심 없이 당연하게 생각했다. 시어머니에게도 현실 육아가 왔다. 시어머니에게 어린이집에서 아이 픽업과 함께 내가 퇴근하기 전까지 돌봐주시기를 부탁드렸다. 시어머니께서도 흔쾌히 수락해주셔서 너무 감사했다. 처음에는 어머니도 나도 조건 없이 서로 도우려고 했다. 시간이 지날수록 어머니는 지쳐가셨다. 손자를 봐주시면서 오는 생활의 변화를 인정하지 못하셨다.

어느 날 시누이에게 전화가 왔다. "엄마가 힘들어 해요. 언니가 늦게 퇴근하면 엄마가 친구를 만날 수 없대요."라고 했다. 그 말을 듣는 순간 '올 게 왔구나.' 하는 생각이 들었다. 당혹스러웠다. 기분도 상했다. 시어머니가 직접 말씀을 하신 것도 아니고 시누이가 전달했다는 것이 불쾌했다. '손자를 보시지 못할 거 같으면 처음부터 말씀을 하시지. 이제 다시 일을 시작했는데…. 나보고 어떻게 하라는 거지?' 남편과 나는 처음부터 끝까지 우리 힘으로 결혼을 준비했다. 남편이 대학 시절부터 내고 있던 학자금 또한 우리 부부의 몫이었다. 남편은 학업을 병행 중이라 내가 일을 하며 가정 경제에 도움을 줘야 하는 상황이었다. 너무 섭섭했다. 살림이 넉넉하지 않은 아들 부부를 위해 조금만 도와주셨으면 했다. 모든 것이 혼자 생각한 나의 욕심이었다. 내가 책임져야 할 문제를 당연히 시댁 어른들이 해줄 거라 생각한 나의 큰 착각이었다.

나는 큰아이를 낳고, 산후조리원에 들어가지 않았다. 숙식형 산후조리사를 채용하여 집에서 산후조리를 했다. 그 당시 산모를 위한 고급 산후조리원들이 유행하고 있었다. 산후조리원 동기들이 있을 정도였다. 나도 알아보지 않은 것은 아니었다. 친정 엄마가 안 계시기 때문에 고민을 많이 했다. 많은 산후조리원들이 비쌌다. 선택의 여지없이 산후조리사를 부르기로 했다. 다행히 너무 좋으신 분이 오셔서 엄마처럼 산후조리를 해주셨다. 출산 준비를 하면서 여자로서 서러웠다. 엄마가 안 계시니 물어볼 사람도 없었다. 시댁 어른들조차 나에게 산후조리에 대해 물어보지 않았다. 남편은 바빠서 얼굴을 보고 진지하게 이야기할 수 있는 시간도 없었다. 컴퓨터에서 정보만 찾고 있는 임산부인 나 혼자 있었다.

주변 친구들은 아이를 낳고 산모와 아이가 편하게 쉴 수 있는 좋은 산후조리원을 찾아서 들어갔다. 친구들은 시댁 식구들의 걱정 어린 관심 속에서 편하게 산후조리를 했다. 동네 엄마들에게서 들은 얘기 중 큰애를 낳고 시아버지께서 고생했다고 두둑한 금액을 주셨다는 얘기, 아들을 낳았다고 평수를 넓혀 이사를 시켜주셨다는 얘기 등 출산 후 얻게 된 행복한 이야기들이 많았다. 다른 사람의 이야기들은 나를 불쌍하게 만들었다. 친정 엄마만 계셨어도 나를 초라하게 만들지 않았을 텐데…. 일찍 돌아가신 엄마가 원망스러웠다. 기댈 곳은 남편밖에 없는데 남편도 당직과 파견 근무로 정신이 없었다. 결혼을 왜 했을까 하는 후회를 했다.

당시 결혼 적령기가 늦어지면서 결혼을 안 한 친구들이 많았다. 미혼인 친구들은 휴가 동안 해외여행을 다녔다. 누구의 눈치를 볼 필요도 없었다. 약속을 잡을 때도 언제나 본인들 중심으로 정했다. 나는 약속을 잡을 때도 남편이 일찍 오는지, 아이를 누구에게 맡길 수 있을지 등 해결해야 할 조건들이 많았다. 이런 이유들은 나에게 스트레스가 되었다. 그래서 큰아들이 5학년이 될 때까지 저녁 약속을 하지 않았다.

사실 시누이의 전화를 받고, 기분이 나쁘기도 했지만 속이 시원한 것도 있었다. 나름 상황을 예상하고 있었다. 시어머니는 동네에서 유명할 정도로 워낙 활동적이신 분이셨다. 손주를 위해 집에만 계실 분이 아니라는 걸 알고 있었던 것 같다. 시어머니께서 "여러 가지 이유로 더 이상 손주를 봐줄 수 없다."라는 이야기를 하셨다. 그 이야기를 듣는 순간 며느리로서 느끼고 있었던 감정의 무게감을 떨쳐버릴 수 있는 기회란 생각이 들었다. 나에게 알게 모르게 의지를 하려고 했던 어머니의 이야기가 이제는 당신의 인생을 우선하겠다는 말씀으로 들렸다. 그 일을 계기로 각자의 인생을 존중해야 한다는 생각이 들었다. 며느리라는 이유로 당당하지 못했던 삶에서 해방받는 느낌이었다. 그날 이후로 시댁의 울타리에서 자유로움이 생겼다. 자유란 누가 시키지도 않았는데 잘 해야겠다는 눈치를 더 이상 볼 필요가 없어졌다는 의미였다.

나를 먼저 존중하기로 했다. 자립한 내 삶에는 더 이상 다른 사람들이 부러움의 대상으로 다가오지 않았다. 사실 결혼을 하니 솔로들의 삶이 부러웠고, 부잣집 시댁이 있는 엄마들이 부러웠다. 육아맘이 되었을 때 워킹맘들의 전문성이 부러웠고, 정작 워킹맘이 되었을 때 육아맘들의 여유로움이 부러웠다. 이 모든 것들은 상대적 박탈감에서 비롯된 나만의 잘못된 비교 습관이다. 비교의 습관은 내가 하지 못할 것 같은 두려움에서 시작된다. 이 두려움은 나를 불행 속으로 끌어당긴다. 지금 나를 다른 사람과 비교하며 불행하다는 생각이 든다면 다른 사람의 눈치를 보며 자립하지 못한 나일 수 있다. 지금이라도 나 자신을 존중하며 불행의 씨앗을 뿌리지 않길 바란다.

4

엄마 이후의 삶은 질문에서 시작한다

행복이란 무엇일까? 당신은 행복합니까? 행복에 관련된 수많은 질문들이 있다. 그러나 질문을 받아본 적도 질문을 해본 적도 많지 않다. 모든 사람들은 행복한 삶을 원한다. 행복한 삶의 기준은 사람마다 다 다를 것이다. 과연 행복은 무엇일까? 엄마가 된 지금 행복한 엄마는 어떤 엄마일까?

워킹맘 6년 차로 접어들 무렵, 아이 둘을 케어하면서 직장을 다니는 것이 쉽지 않았다. 일하는 것을 좋아하면서도 아이를 편하게 맡길 곳이 없다는 것이 나의 발목을 잡았다. 아침에 일어나자마자 큰아들을 유치원에 맡기고, 작은아들은 어린이집에 맡겼다. 매일 아침 허둥지둥 정신이 없었다. 직장에 도착을 하고 나면 나만의 시간을 찾았다. 오후 12시쯤 큰아이의 유치원에서 전화가 왔다. 큰아이가 열이 39도가 넘는다고 하원을 시켜야 한다고 했다. 선생님은 대리 하원을 시켜줄 사람이 있다면 빨리 병원에 데리고 갔으면 하셨다. 도움을 요청할 사람이 없었다. 이 일을 계기로 나는 직장을 정리하고 프로그램 기획 프리랜서로 전업했다. 돈을 벌기 위한 목적도 있지만 내 일을 계속하고 싶었다. 다른 사람들이 나에게 왜 일을 계속하냐고 물어본 적이 있다. 나는 일을 할 때 행복하다. 일을 하고 있으면 만족감이 생긴다. 새로운 교육 프로그램을 기획하면 기쁘다. 그렇다. 질문을 통해 내가 행복한 것이 무엇인지 알게 되었다.

나의 엄마는 언제 행복했을까? 엄마가 살아 계셨을 때 물어봤던 기억이 없다. 어느 날 엄마는 놀이공원에 가고 싶다고 했다. 어렸을 때 부모님 손을 잡고 놀이공원을 갔던 기억은 있었다. 내가 어렸을 때는 엄마가 나를 위해 놀이공원, 영화관 등을 다녔지만, 성인이 되고 난 후부터는 나는 나대로 놀러 다니느라 바빴다. 이른 아침부터 엄마와 나는 김밥을 싸고, 소풍 가는 아이들처럼 버스를 타고 용인 에버랜드에 갔다. 처음으로 큰 놀이공원에 간 엄마는 즐거워했다. 무섭지 않은 놀이기구를 같이 타며 즐거워했다. 엄마와 나는 벤치에 앉아 아침에 정성껏 싸온 김밥과 음료수를 먹었다. 옆 테이블에 젊은 남자와 연세가 있으신 여자분이 점심을 먹기 위해 앉았다. 엄마와 나는 불륜인가 하고 의심스러운 눈으로 쳐다보았다. 알고 보니 아들과 엄마 사이였다. 우리 엄마와 그 여자분은 서로 너무 재밌다며 이야기를 나누시는데 너무 행복해 보이셨다. 나는 그때 본 엄마와 함께 놀이공원에 온 아들을 잊을 수가 없다. 우리 엄마의 웃는 얼굴도 잊을 수가 없다. 그때 엄마는 분명 행복했을 것 같다.

사람은 누구나 행복하길 원한다. 그러나 하루를 되돌아보면 행복을 말하기보다 부정적이거나 불행했던 말들을 더 많이 한다. 우리는 경쟁 속에서 살면서 만족보다는 결핍이 몸에 배어 있기 때문이다. 누구를 만나든 나보다 더 돋보이고, 돈도 많아 보인다. 성공한 사람들을 만나면 부모를 잘 만나서, 유산을 받아서 그렇게 될 수 있던 거라는 합리화를 하며 그렇지 못한 나는 불행하다고 생각한다. 하루에 내가 하는 부정적인 생각과 말을 의식적으로 세어보자. 잠재하고 있는 부정적인 생각들이 행복이 들어오게 하는 것을 방해하고 있을 거다. 그럼에도 우리는 끊임없이 행복하길 원하고 있다.

잊을 만하면 연락하는 학원 원장님이 있다. 소도시에서 남편과 함께 작은 학원을 운영하고 계신다. 전화기에 원장님의 이름이 뜨면, '또 어떤 불평불만을 쏟아낼까?' 하는 걱정부터 들었다. 열정이 많은 원장님은 자신만큼 따라오지 않는 교사들이 늘 불만이었다. 그럴 때마다 전화로 교사 관리, 학원 운영 등의 컨설팅을 문의하셨다. 원장님은 자신은 하고 싶은 일도 많고 생각도 많다고 했다. 자신은 늘 옳다고 말하는 것 같았다. 학원 운영 방침에 반하는 학부모들을 힘들어했다. 나도 열정이 앞설 때 똑같이 겪었던 문제였다. 어떤 상황을 만나면 몸에서 반응이 먼저 일어나고 그것이 맞다고 생각했기 때문이다. 코로나를 겪으며 학원 운영이 힘들게 됐다. 학생 수도 줄어들었다. 학생 수가 줄어드니 교사들도 의욕이 떨어지고 교육의 열의도 떨어졌다. 이 모든 것이 원장님 눈에 거슬리기 시작했다. 원장님은 나에게 하소연을 하며 답을 구하길 원했다. 나라고 답이 어디 있을까? 답은 원장님이 찾아야 하지 않을까? 답을 찾기 위해서는 원장님 자신에게 질문을 먼저 해야 했다. 나는 원장님께 구체적으로 질문지를 기록해보고 답을 적어보라고 했다. 분명 그 안에서 해결법을 찾을 거라고 했다. 행복도 마찬가지일 것 같다. 행복은 다른 사람이 아닌 나 자신이 결정해야 한다. 우리는 행복해지고 싶다고 말하지만 행복이 무엇인지 잘 모른다. 행복의 답을 찾기 위해 구체적으로 나에게 질문을 해보는 건 어떨까?

〈행복을 찾기 위한 질문〉

1. 지금 나의 삶에 만족하고 있습니까?

2. 내가 생각하고 결정하는 삶을 살고 있습니까?

3. 나의 삶을 방해하는 것은 무엇입니까?

4. 나는 정신적으로, 육체적으로 건강합니까?

5. 나는 다른 사람과의 관계를 잘 하고 있습니까?

6. 내가 생각하는 더 나은 인생은 무엇입니까?

7. 내 행복을 방해하는 것은 무엇입니까?

8. 방해하는 것을 없애기 위해 나는 어떤 노력을 해야 할까요?

9. 나에게 행복은 무엇입니까?

10. 행복을 위해 나는 무엇을 해야 할까요?

11. 나는 감사하다고 말을 합니까?

12. 나는 어떤 말을 자주 합니까?

13. 나는 누구와 이야기를 나눕니까?

14. 나는 운동을 합니까?

15. 지금 나를 위해 배우는 것이 있습니까?

사람들은 부모들의 경제적 수준에 따라 금수저, 은수저를 이야기한다. 금수저들은 행복하고, 은수저는 불행하다고 말할 수 없다. 행복의 기준은 우리가 알 수 없기 때문이다. 신이 우리에게 공평하게 주신 것이 있다. 바로 24시간이다. 누구에게나 똑같은 24시간을 주었다. 그 시간을 행복하게 보낼지, 불행하게 보낼지는 본인이 결정할 수 있다. 행복 결정권을 가지고 스스로에게 끊임없이 질문하고 행복한 삶을 찾길 바란다.

5

행복은 저절로 만들어지는 것이 아니다

우리는 행복을 상상하며 막연한 기대를 품고 산다. 우리가 상상한 일이 찾아올 때도 있다. 때로는 생각지도 못한 일이 갑자기 생길 때도 있다. 우리는 그 일이 행복이든 불행이든 인정하기보다는 '왜 나에게?'라는 궁금증을 갖는다. 그리고 합리화하기 위해 나 자신보다 다른 곳에서 답을 찾기 시작한다. 직장을 그만둔 이후 한참 시간이 흘렀다. 나는 일을 하고 싶다고 말버릇처럼 했다. 그러나 막상 누군가 일을 같이 하자고 제안을 하면 "지금은 때가 아니야."라고 말하며 뒷걸음쳤다. 뭐가 두려웠을까?

아침마다 출근을 위해 아이와 전쟁을 치를 때면 '지금은 일할 타이밍이 아닌 거 같아. 아이들이 좀 더 크면 다시 일을 해야 할까?', '지금 일하는 직장은 나에게 맞지 않는 것 같아. 나의 조건에 맞는 곳으로 옮길까?', '조금 더 젊을 때 좋은 직장으로 옮겨야 하지 않을까?' 수없이 고민을 했다. 반복되는 고민은 스트레스만 쌓일 뿐 해결책은 없었다. 행동으로 옮기지 않은 생각은 결과를 예측하기 어렵기 때문이다. 생각에만 머무는 것은 결국에 부정적인 생각으로 자신감을 떨어트리는 결과를 가져오기 일쑤였다. 어떠한 결과가 오든지 실행을 해보지 않고는 우리는 알 수 없다. 실행을 통해 실패도 성공도 경험할 수 있다. 경험을 통해 실패가 또 다른 실패가 되지 않도록 노력을 한다. 행복도 경험을 통해 만들어지는 것이라고 생각한다. 내가 어떤 것에 행복을 느끼는지 알지 못한다면 지금부터 많은 경험을 통해 찾아보아야 할 것 같다.

나는 딸 넷의 막내로 태어났다. 엄마는 아들을 낳고 싶어 하셨다. 친정 엄마의 바람과는 달리 거듭된 실패로 나의 별명은 '딸 그만'이었다. 지금도 군인 마을 동네 아줌마들이 나를 '딸그마니'라고 불렀던 것들이 어렴풋이 생각난다. 그때는 그 의미를 몰랐다. 어리석게도 그저 귀여워서 그렇게 부르는 줄 알았다. 엄마는 네 번째 딸을 낳고 눈물을 많이 흘렸다고 했다. 아들만 낳은 나는 엄마의 심정을 이해하기 힘들다. '시누이가 줄줄이 있고 막내가 아들이라면 누가 시집을 올까?' 하는 생각도 든다.

딸이 많아서일까? 나는 드라마에서 보던 귀여움 많이 받는 그런 막내는 아니었다. 일반적으로 막내는 내리사랑이라고 부모의 모든 사랑을 받고, 하고 싶은 대로 다 해도 용서가 되는 사람일 것이다. 우리 집은 그렇지 않았다. 언니들과 나이 차이도 많이 났다. 큰언니와 무려 14살 차이가 났다. 그러다 보니 집안의 모든 심부름을 도맡아 했다. 더욱이 언니들이 수험생들이 되면 모든 집안의 중심은 수험생 위주로 돌아갔다. 언니들이 재수를 하는 바람에 나는 몇 년 동안 수험생들 눈치를 보며 지냈다. 반면 나는 항상 즐거웠다. 천방지축이고 기죽지 않는 성격으로 엄마에게 잔소리도 많이 들었다. 바로 위의 언니와 장난을 많이 치기도 했다.

한번은 셋째 언니와 장난으로 시작한 것이 다툼으로 커진 적이 있었다. 뛰어가는 언니에게 온 힘을 다해 신발을 던졌다. 언니는 아주 빠른 몸으로 유리문 사이로 피해 도망을 갔다. 그 신발은 유리문에 정통으로 부딪쳐 와르르 깨졌다. 그날은 둘째 언니의 대입 시험을 이틀 앞둔 날이었다. 나는 엄마에게 온갖 욕이란 욕은 다 먹었다. 이때 나는 엄마에게 혼이 나는 것보다 '아! 나 때문에 언니 시험 망치면 어떡하지.' 그 생각뿐이었다. 왜냐하면 재수를 하던 언니의 대입 시험이었기 때문이다. 지금 생각해 보면 늦둥이로 태어나서 나이 많은 엄마를 많이 힘들게 했구나 하는 생각도 든다.

엄마는 나와 대화를 많이 했다. 엄마는 내 이야기를 듣는 것을 참 좋아했다. 엄마는 항상 나에게 "사람은 첫인상이 중요해. 너는 첫인상이 좋고, 항상 밝으니깐 어딜 가도 사랑을 많이 받을 거야."라고 말해주었다. 엄마가 해주신 말은 내가 지금까지도 두려움 없이 다른 사람과 관계를 형성하는 데 도움이 됐다. 엄마는 7남매의 막내인 아빠와 결혼을 했고, 가난했다. 아빠는 군인이었다. 군인 월급으로 딸 넷을 키운다는 건 정말 힘들었을 것 같다. 더욱이 군인들은 부대 이동으로 이사도 많이 가야 했다. 언니들의 학업 때문에 이사를 갈 형편이 안 되면 엄마 혼자 우리들을 키워야 했다. 어려운 환경이었지만, 우리 엄마는 강인하셨다. 환경에 흔들리지도 않았다.

엄마는 지금 안 계시지만, 엄마의 이야기들이 뇌리에 각인되어 있다. 엄마는 공부 욕심도 많았고, 미래에 대한 욕심도 많았다. 그래서 끊임없이 배우셨다. 꽃꽂이, 중식, 한식 등 다양하게 배우셨다. 꽃꽂이 수업이 끝나면 집이 꽃들로 장식되어 있었다. 중식 수업이 끝나면 한동안 다양한 중국 요리들을 맛볼 수 있었다. 한식 수업이 끝나면 평상시에 볼 수 없던 음식들을 먹을 수 있었다.

엄마는 종종 나에게 말했다. "엄마가 작은 우물이 있는 집에 살고 싶다고 마음을 먹으면 꼭 그런 집에서 살았고, 2층 집에서 살고 싶다고 마음을 먹으면 2층 집에서 살았어."

엄마는 부유하지도, 남편의 월급이 많지도 않았지만 그때부터 자기 선언을 했었던 것이었다. 엄마의 그런 선언은 정말 이루어졌고 그 행복을 내가 누릴 수 있었다. 덕분에 나는 어린 시절 마당 있는 2층 집을 짓는 과정을 경험했다.

내가 초등학교 1학년 때 엄마가 꿈에 그리던 2층 집을 건축하게 되었다. 방학 때 매일 엄마와 함께 아침, 점심, 저녁 공사장 아저씨들의 식사를 챙기러 공사하고 있는 우리 집을 찾았다. 조금씩 집이 완성되어가는 모습이 아직도 생생하다. 그 집을 보면서 엄마는 얼마나 행복했을까? 엄마는 자신의 꿈이 현실이 되었을 때 어떤 마음이었을까? 나는 이런 엄마의 모습을 기억하며 다짐한다. 상황이 나의 행복을 결정하는 것이 아니라 내가 나의 행복의 주인이 되어 만들어가야 한다는 것을…. 좋은 상황은 언제 올지 아무도 모른다.

우리는 환경과 관계를 중요하게 생각한다. 나의 행복보다는 내가 속한 그룹을 위해, 다른 사람과의 좋은 관계를 위해 양보해야 한다고 배운다. 학교에 가면 작은 사회 속에서는 다른 사람을 위해 내가 어떻게 해야 하는지 배우고, 사회에 나가면 회사를 위해 또는 나보다 지위가 높은 상사의 눈치를 보며 행동의 제약을 만들며 살아간다. 그렇게 타인과 관계 속에서 나 자신을 만만한 상대로 만들고 있는지 모른다. 누군가가 나의 기분을 나쁘게 하더라도 나 자신을 챙기기보다 타인의 기분이 왜 나빴는지부터 생각할 때가 많다.

  결혼을 하고 나도 모르게 시댁 눈치를 보며 나 자신보다 시댁 어른들의 생각에 나를 맞추려고 행동했다. 그게 사회에서 어긋나지 않는 며느리의 행동이라고 생각했다. 남편의 당직으로 나 혼자 덩그러니 시댁에서 명절을 보낸 적도 수없이 많았다. 제사 때는 퇴근하자마자 부리나케 시댁에 가서 설거지를 하기 바빴다. 남편은 바빠서 늦게 도착을 해도 다들 이해하는 분위기였다. 불평하지 않고 한 해 두 해 지나갔다. 그렇게 사는 것이 모두에게 다 좋을 것이라고 생각했다. 언제부터인가 내가 뭐하고 있는 건가 하는 생각이 들었다. 모든 며느리들이 생각할지도 모른다. 행복하지 않았다. 시댁 어른들의 요구는 다양해지고 당당해졌다. 사람들은 나 자신을 먼저 바꾸라고 말했다. 내가 바뀌면 상대방이 바뀐다고. 하지만 시댁과 며느리의 관계는 절대 그럴 수 없다. 왜냐하면 내가 바뀌어도 상대방은 내가 변하든 말든 상관하지 않기 때문이다. 나는 이 상태로는 어떤 것도 만족할 만한 결과를 얻을 수 없다는 것을 깨달았다. 나는 나부터 챙기기로 결정했다. 이 생각을 하고 난 후, 나는 나의 행복 주도권자가 되려고 노력했다. 마음이 완전히 편하다고 할 수는 없지만 변화가 필요했다. 나로 인해 시댁 어른들이 처음엔 당황하고 힘들겠지만 현명하게 타협하고 해결점을 찾아가야 했다. 각자의 행복은 타인으로부터 얻어지는 게 아니라는 것을 알게 될 거라고 생각한다.

　행복은 저절로 나에게 오지 않는다. 행복이 오기까지 불편함을 감수해야 할지도 모른다. 나의 행복이 무엇인지 깨닫지 못한다면 타인에게 끌려다니고 있을지도 모른다. 나의 행복을 원한다면 나에게 진정한 행복이 무엇인지 공부를 해야 한다. 지금부터 나의 행복 지도를 만들고 하나씩 찾아가는 행복 원정대 리더가 되어보자.

그 많은 엄마는 왜 행복하지 않았을까?

"행복하게 살아. 행복해야 해."

수없이 많이 들었던 말들이다. 우리는 행복할까? 언제 행복할까? 행복이 뭘까? 엄마가 된 후에야 나는 이런 생각을 하게 되었다. 드라마에서 웨딩드레스와 예복을 입고 행복해하는 신랑 신부의 모습들을 보면서 나의 과거를 생각해봤다. 나는 그때 행복했나? 큰아이를 낳았을 때 행복했나? 결혼과 함께 변화되는 과정들을 생각해보며 행복의 과정들을 하나씩 되짚어봤다.

얼마 전 남편 친구들과 부부 모임을 했다. 첫아이를 출산할 때 서로의 웃지 못할 이야기를 했다. 한 분은 양수가 터졌는데 남편이 대수롭게 넘어갔던 것이 아직도 생생하다고 했다. 그 생각을 하면 화가 난다고 했다. 함께 있던 모든 남편들은 탄생의 행복보다 뭐가 뭔지 모르는 감정들이 몰려왔다고 했다.

큰애를 낳을 때, 나와 남편은 출산과 육아에 대해 무지했다. 아는 것이 아무것도 없다는 표현이 더 맞겠다. 무슨 자신감인지 출산 전 교육들도 많았지만 나는 듣지 않았다. 2006년 7월 15일 새벽 5시 30분부터 배가 아파왔다. 남편에게 배가 아파오는 것 같다고 말했다. 남편은 아직 예정일이 남았으니 가진통일 것 같다고 여유를 보였다. 남편은 전문가처럼 시간을 재어보라고 했다. 본인도 잘 모르면서 왜 그렇게 아는 척을 했는지 지금 생각해도 어이가 없다. 시간을 재어보니 정확히는 모르겠지만 규칙적으로 오는 것 같았다. 남편에게 병원에 가야 할 것 같다고 말하고 나는 짐을 챙기기 시작했다.

병원에 도착하고 검사를 한 후, 간호사는 아이가 나오려 한다고 했다. 내 옆 침대에 누워 있던 산모는 나에게 파이팅을 외치며 여유로운 모습을 보였다. 자신은 셋째 출산이라고 했다. 그렇게 인사를 하고 나는 분만실로 들어갔다. 1시간 반 만에 큰아들을 낳았다. 간호사가 아이를 보여주는데 '앗! 못생겼네.' 생각했다. 감격의 눈물을 흘린다는 그런 드라마틱한 상황은 연출되지 않았다. 아프다는 감정이 먼저였다. 정말 하늘이 노랗게 보일 정도였다. 무통 주사도 맞지 못할 정도로 시간이 촉박했기 때문에 모든 고통을 느끼며 출산을 했다. 그렇게 탄생의 기쁨을 느끼지 못하고 내 몸 추스르기 바빴다.

도대체 나는 언제 행복했던 걸까? 행복은 멀리 있는 것이 아니라 가까운 곳에 있다고 한다. 그렇다면 나는 눈 뜬 장님인 건가? 행복을 찾지 못하는 행복 장님 말이다. 남편은 전문직이고, 아이들은 건강하니 그것이 행복일까? 친구들에게 결혼 후 이런저런 힘든 이야기를 하면 항상 대답은 똑같다. "너는 그래도 남편이 전문직이잖아." 그 말을 듣는 순간 나는 더 이상의 대화를 이어갈 수 없다.

그들이 봤을 땐 내가 만족하지 못하고 욕심을 내는 그런 인간으로 비춰질 뿐이었다. '정말 내가 욕심이 많은 걸까?' 친구들은 자신들과 다른 상황을 비교하며 내가 행복할 거라는 자신들만의 판단을 했다. 다른 사람들이 하는 판단 속에서는 내가 행복해야 한다고 주문을 외우고 있을지도 모른다고 생각을 했다. 아니면 세상 사람들이 말하는 행복할 수 있는 조건을 갖고 있기 때문에 '나는 행복해야 해.'라고 강요하고 있을지도 모른다. 행복의 기준은 어느 누구도 정할 수 없다. 세상에 그 기준은 없다.

오로지 개인이 각자 갖는 감정만이 있다. 행복의 감정은 순간에 나에게 찾아오는 거라고 생각한다.

'왜 엄마는 행복 수업을 받아야 할까?'라는 생각을 했다. 세상에는 수많은 수업들이 있다. 그 중에 행복 수업을 들어본 적은 없다. 20년 동안 교육 기관에서 일하면서 경험상 알게 된 것 하나가 가정에서 행복하게 자란 아이들은 사회에서도 행복한 생활을 한다는 것이었다. 가정 안에서 아이들이 어떤 감정으로 생활하느냐에 따라 상황에 맞는 감정을 적절히 표현하고 자제하는 모습을 볼 수 있었다.

엄마는 가정의 감정을 컨트롤하는 '감정 리더'이다. 육아책이나 강의에서 엄마가 행복해야 아이가 행복할 수 있다고 이야기를 한다. 나 또한 많은 엄마들을 상담할 때 수없이 했던 말들이다. 엄마는 가정의 모든 감정을 지배하는 존재이기 때문이다. 엄마의 감정이 집의 분위기를 만드는 것도 사실이다. 20년 동안 만난 엄마와 아이들을 보면 그 가정의 분위기를 전부는 아니어도 어느 정도는 파악할 수 있었다. 교사가 주는 아주 작은 선물에 감사함을 표현하며 기뻐하는 아이가 있는 반면 자신이 원하는 선물이 아니라서 안 줘도 된다는 말을 하는 아이들도 간혹 있다. 누가 옳고 잘못됐다고 말할 수 없지만 이런 아이들의 행동들은 가정에서 자연스럽게 습득한 것임을 알 수 있다.

나는 행복 감정 지수를 키우기 위해 노력해야 한다고 생각한다. 행복이라는 감정도 그냥 주어지는 것이 아니다. 행복을 누리기 위해서는 제대로 알고 배워야 한다. 나의 행복 지수를 높이기 위해서는 나를 알고 나만의 행복을 찾아내는 노력이 필요하다. 우리에게 가장 필요한 것은 행복을 끌어당기는 힘이다. 그 힘을 기르기 위해 내 안의 부정적인 생각을 버리고 비워야 한다. 비워진 나의 감정에 행복 씨앗을 키워야 한다. 그 행복 씨앗을 잘 키우기 위해 우리는 무엇을 준비해야 할까? 지금부터 행복 씨앗을 체계적으로 키우기 위해 나를 행복하게 만드는 모든 정보를 수집한다. 그 정보의 중심이 '나'인지를 살펴보자. 엄마인 내가 행복력을 키워 가정을 리드한다는 마음을 갖는다면 자신의 행복을 찾는 과정은 어렵지 않다. 행복력을 키운 행복 감정 지수는 엄마의 DNA가 될 거다. 엄마의 감정 DNA는 나 자신은 물론 자녀에게까지 전달된다는 것을 잊지 말자.

엄마들은 대치동의 스타 강사를 찾고 아이들이 최고의 수업을 받을 수 있도록 하기 위해 모든 정보를 수집하기 바쁘다. 인스타그램에 대치동 교육 단어만 치더라도 넘쳐나는 정보에 엄마 자신은 번 아웃 되기 십상이다. 왜 스타 강사를 찾을까? 우리 아이가 제대로 이해해서 1등급 받기를 원하는 엄마의 마음이다. 그러나 그들의 정보를 보다 보면 엄마의 행복은 자녀의 점수와 일치되는 경우가 많다. 아이들의 성적을 위해 스타 강사 수업을 찾듯 아이들의 행복을 위해 제일 먼저 엄마가 행복 수업을 받아야 하지 않을까? 엄마의 행복력으로 아이들의 행복을 찾아주길 바란다.

7

맞는 옷을 고르듯 나만의 기준을 찾아야 한다

행복의 기준은 누구에게나 똑같을 수 없다. 상황에 따라 행복을 느끼는 감정은 사람마다 다 다르다. 살면서 경험한 것이 다르고 그 경험을 통해 각자 생각하는 방법이 다르기 때문이다. 행복의 기준이 정형화되어 있다면 사회가 정해준 기준에 맞추기 위한 무수한 경쟁 속에 자기 자신을 잃어버릴 수도 있다.

첫아들이 초등학교 입학을 하고, 처음으로 학부모 모임에 나갔다. 아들의 첫 입학처럼 나 또한 엄마들을 만나는 것이 설레었다. 형이나 누나가 있어서 초등학교를 경험한 선배 엄마가 스스로 모임을 리드했다. 자리를 정하지는 않았지만, 자녀의 성별에 따라 그룹이 삼삼오오 나눠졌다. 아이들이 자신과 맞는 친구를 찾듯 엄마들도 자신과 함께할 친구를 찾기 위해 탐색전이 시작됐다. 이미 많은 경험을 한 선배 엄마들은 초등학교 1학년 때 사귄 엄마들이 허물없이 오래 지낼 수 있다고 조언했다.

사실 난 그런 모임에 익숙하지 않다. 서먹서먹한 모임을 좋아하는 편은 아니다. 엄마로서 역할을 하는 자리라고 생각했다. 첫 엄마 모임에 빠지면 더 이상 모임에 참여하기 어렵다는 이야기도 들었다. 나에겐 직업병이 있다. 사람들이 대화하는 모습을 보면서 어떤 사람인지 파악하는 경향이 있다. 엄마 상담을 오래 하면서 생긴 버릇이다. 시간이 지날수록 엄마들의 친화력이 발휘됐다. 자연스럽게 자신들의 이야기가 나왔다. 워킹맘들은 휴가를 내고 모임에 참석을 했다고 했다. 전업맘은 워킹맘을 부러워했다. 워킹맘은 가정에서 온전히 아이만 볼 수 있는 전업맘을 부러워했다. 서로 상대방의 상황이 부럽다며 이야기를 나누었다.

그때, 한 엄마가 자신은 전업맘으로 일을 하지 않는 것이 좋다며 이야기를 꺼냈다. 나는 속으로 '오~ 멋있는데.'라고 생각을 했다. 건너편에 앉아 있던 다른 엄마가 남편의 월급은 누가 관리하는지 물어보았다. '참 별걸 다 물어보네.'라는 생각을 하고 있을 때, 다들 본인이 관리한다고 하면서 그래야 경제 주도권을 갖는다고 이야기했다. 이야기가 끝나기 무섭게 정장을 곱게 차려 입은 한 엄마가 남편에게 생활비를 받는다고 했다. 자신은 돈 관리를 하는 것이 싫고, 생활비를 받으니 걱정거리가 없다고 이야기를 했다. 엄마들은 자신의 입장에서 찬반 논쟁을 하며 서로를 설득하기 바빴다. 나는 이야기를 들으면서 깨달았다. 같은 상황에서도 다들 각자 선택한 방법으로 행복의 가치를 찾는다는 것을.

옆 동에 살던 동네 언니는 중소기업의 이사였다. 그 언니는 창단 멤버로 중소기업에서 글로벌 기업으로 성장하는 데 큰 역할을 했다. 회사에서 중책을 맡은 만큼 퇴근시간이 일정하지 않았다. 육아는 오롯이 친정엄마의 몫이었다. 다행히 유치원 친구 엄마들이 함께 육아를 도와주었다. 집에 데리고 가서 밥도 같이 먹고, 키즈 카페를 갈 때면 함께 데리고 가기도 했다.

그 언니의 아들은 굉장히 예민한 편이었다. 점점 유치원 엄마들은 언니 아들을 멀리하기 시작했다. 본인들의 아이들과 함께 놀게 하고 싶었으나 아이의 성격을 받아주기는 힘들었다고 했다. 갑자기 화가 나면 따로 구석에 앉아 있기도 하고, 아무리 이유를 물어봐도 이야기를 안 한다고 했다. 엄마들은 괜히 오해를 받을까 봐 걱정을 했다. 엄마들은 워킹맘 언니에 대해 일에만 몰두하는 것이 잘못된 것 같다고 말했다. 어떤 엄마는 직접적으로 직장을 그만두라는 말도 했다.

그 당시 나도 일을 하고 있었기 때문에 워킹맘의 삶, 아이의 마음, 동네 엄마들의 충고 모두 이해가 갔다. 나는 퇴근을 하고 종일반에 있던 아들을 픽업했다. 어린이집에 다른 아이들은 다 가고 마지막으로 하원을 하는 경우가 종종 있었다. 그럴 때마다 괜히 아이와 교사의 눈치를 살핀 적도 있었다. 나는 일이 좋았다. 나의 선택은 일과 육아를 병행하는 것이었다. 분명 그 선택에서 어려운 점도 있었다. 아들은 종일반에 가기 싫어했다. 아침마다 울고불고 난리를 피웠다. 다시 시작한 일을 그만두고 육아만 하는 것이 아들과 나의 행복을 찾아준다는 보장도 없었다. 그 대신 나는 퇴근과 동시에 나의 시간을 전적으로 아들에게 다 할애했다. 마을버스를 타고 싶다고 하면 버스를 타고 종점까지 갔다가 다시 돌아오기도 했다. 몸은 힘들지만 일을 그만두고 싶지 않았다. 그 언니도 나와 같은 마음이 아니었을까?

그 언니와 오랜만에 만나 일과 육아에 대해 이야기를 했다. 언니는 자신의 아이에게 미안하다는 이야기를 많이 했다. 아이에게 이것저것 많이 사주고, 주말마다 아이와 함께 야외로 나가며 못다 한 사랑을 표현한다고 했다. 아이는 여전히 예민해서 다른 아이들과 많이 어울리지 못하지만 자신이 일을 그만둔다고 해서 달라질 건 없을 것 같다고 이야기했다. 결과적으로 그 언니는 일을 그만두지 않았다. 함께 이야기를 나누던 엄마들은 한결같이 엄마가 일을 그만뒀어야 했다고 아쉬움을 표현했다. 그 언니는 자신이 일을 안 했다면 우울증이 생겼을 거라고 했다. 나는 그 언니를 보며 정답이 무엇인지는 모르지만 타인의 말에 흔들리지 않고 자신의 삶을 주도한다는 것이 멋있어 보였다.

나는 곰곰이 생각했다. 과연 행복은 어디서 오는 걸까? 행복이라는 단어로 거창하게 표현하는 것보다 언제 즐거움을 느낄까? 행복의 반대는 불행일까? 내 생각에 행복의 반대는 무기력함과 지루함인 거 같다. 결혼을 한 후, 시댁과 친정 등 신경 써야 할 것들이 많았다. 나의 의지와 상관없이 일어나는 일들을 해결하면서 내 시간을 할애했다. 반복된 일들은 나를 무기력하게 만들었고 나의 생활을 지루하게 만들었다. 상황이 이렇다 보니 나에게 오롯이 집중하는 시간이 행복했다. 그것이 무엇이든지 상관없었다. 아무도 없는 시간, 나 혼자 커피를 마시고, 쇼핑을 하고, 영화를 보고…. 누군가는 혼자 다니면 기분이 어떠냐고 물어본다. 나는 그런 시간이 행복했다. 내가 먹고 싶은 메뉴를 선택하고, 상대방 눈치 없이 보고 싶은 영화를 보고, 나 혼자 카페에 앉아 커피를 마시며 사람 구경도 하고. 나는 혼자인 시간이 행복이라고 생각했다.

코로나가 시작되면서 집에 있는 날들이 힘들었다. 친정 아빠와 요양사 선생님, 온라인 수업을 하는 두 아들이 하루 종일 집에 있었다. 빨리 지나가겠지 하고 생각했던 시간이 벌써 2년이 넘어가면서 감정을 다스리는 일이 어려워졌다. 이 상황을 다시 극복하기 위해 나만의 시간을 갖는 방법을 모색해야 했다. 나에게 맞는 행복이 무엇인지 스스로 알고 있기 때문이다. 나는 나만의 시간을 정했다. 아들들에게 엄마의 시간에는 방문을 열지 못하도록 했다. 규칙이나 다름없었다. 점점 아들들도 그 규칙을 지키려고 했다. 그 시간이라도 내 시간을 가질 수 있다는 것에 감사했다. 그것조차 지켜지지 않을 경우 나는 노트북을 들고 근처 카페로 향했다. 엄마가 노트북을 들고 나가는 모습이 아이들에게도 이제 익숙하다. 카페에서 나만의 사업 구상이나 기획안을 쓰며 이런저런 생각을 하는 시간이 행복하다. 지금은 그렇게 내 상황에 맞게 나만의 행복을 찾아 가고 있다. 타인에게서 오는 행복이 아닌 내 안에서 행복을 찾고 있다.

8

오늘부터 나만의 행복 습관을 만들기로 했다

우리는 익숙함이 습관이 되면, 그 습관은 어느덧 태도로 바뀐다. 결혼 후, 나는 점점 나의 감정이 흔들리고 있다는 것을 깨달았다. 남편과 아이들이 내가 원하는 대로 행동하지 않을 때 대화로 해결하기보다 짜증과 분노로 표출했다. 가정 생활 전반에 내가 해야 할 일이 너무 많았다. 가족들에게 벗어 놓은 옷을 잘 정리하고, 분리수거를 제대로 하라고 요청을 했지만, 여전히 변화가 없었다. 그럴 때마다 갑자기 소리를 지르며 짜증 섞인 감정으로 소리를 질렀다. 잘못된 방법이라는 것을 알고 있었지만 이미 습관이 되어버렸다. 화를 내고 있는 와중에 정신이 잠시 들었다.

'내가 미쳤구나.' 할 정도였다. 질주하는 감정에 브레이크를 의식적으로 걸어야겠다는 생각을 했다.

어떤 상황이든 감사하다고 말하는 소영이라는 친구가 있다. 나라면 화를 냈을 법한 상황에서도 소영이는 감사하다고 말한다. 소영이의 엄마는 어렸을 때 일찍 돌아가셨다. 늦둥이로 태어난 소영이는 가정 형편이 좋지 않았다고 했다. 아빠도 나이가 많으셔서 여행을 다녀 본 경험이 많지 않았다. 소영이의 사정을 잘 알고 있던 나는 그녀가 가보지 못한 유명한 카페를 찾아 함께 갔다. 우리는 아기자기한 카페에서 맛있는 브런치를 먹으며 시간 가는 줄 모르고 수다를 떨었다. 즐거운 시간을 보내고 돌아오는 차 안에서 소영이는 항상 콧바람 쐬게 해줘서 고맙다고 했다. "고맙다."라는 말 한마디는 나에게도 함께하고 싶은 마음이 생기게 했다. 소영이는 나를 집으로 초대하는 경우도 많았다. 점심식사를 준비하고, 혼자 먹으면 맛이 없는데 같이 먹으니 맛있다며 되레 나한테 같이 먹어줘서 고맙다고 한다. 소영이의 행동은 감사가 감사를 낳은 몸에 밴 습관인 거 같았다. 가끔은 나도 화가 나는 상황에서 소영이처럼 긍정적인 부분을 먼저 보려고 노력했다. 상황 상황마다 감사할 수 있는 부분을 의식적으로 찾아보려고 했다. 하지만 감사함이 아직 습관이 되지 않은 나는 시간이 오래 걸릴 것 같다.

나는 딸만 있는 집에서 자랐다. 남자라곤 아빠와 남편밖에 몰랐다. 그런 나에게 아들이 둘이나 생겼다. 큰아들이 사춘기가 되자 엄마, 아들로서 서로의 생각을 존중할 수 없었다. 아들이 어릴 때, 바쁜 남편 대신 성장 과정에 필요한 모든 것을 함께 했다. 축구를 하며 아들이 공격수 역할을 할 때 나는 골키퍼가 되어주었다. 네발 자전거에서 두발 자전거로 넘어갈 때 자전거 뒤를 몇 시간에 걸쳐 잡아주었다. 두발 자전거 타기를 성공했을 때 손뼉을 치며 펄쩍펄쩍 뛰며 좋아했다. 둘이 안 가본 곳이 없었다. 봄에는 딸기 체험, 여름에는 갯벌 체험, 가을에는 밤 체험, 겨울에는 빙어 낚시 등 함께한 시간이 많았다. 함께하는 시간에는 북한도 무서워한다는 중2병은 우리 집에 없을 거라고 생각했다. 나의 엄청난 착각이었다. 코로나로 인해 아이들은 온라인 학습으로 하루 종일 컴퓨터 앞에 있었다. 야외 활동을 많이 하는 아들은 게임을 오래 한 적이 없었다. 나는 다른 가정처럼 게임 문제로 아들과 전쟁을 치를 거라고는 생각도 못 했다. 온라인 학습을 시작하고, 아들은 친구들과 함께 하는 게임에 빠져버렸다. 온라인 학습을 듣는 건지 게임을 하는 건지 모를 정도였다. 게임으로 인해 아들의 일상은 무너져버렸다. 나의 감정과 이성도 함께 무너져버렸다. 서로를 향해 화살을 겨누고, 누가 먼저 말로 상대의 신경을 건드리면 서로 무너뜨리기 위해 전쟁을 일으켰다. 그 와중에 출근한 남편에게 전화를 걸어 아들에 대한 불편한 감정을 쏟아부었다. 점점 우리 가정은 서로를 보고 있는 것이 힘든 지경에 이르렀다. 나는 상황 탓을 하기 시작했다. 내가 왜 결혼을 했지? 내가 왜 자식을 낳았지? 내가 왜 아이를 사립중학교에 보내지 않았지? 등등 온갖 외부에 대한 탓을 하며 내 자신을 원망하기 시작했다. 나에 대한 원망은 나의 존재에 대한 미움으로 번졌다. 이 모든 것을 다 끝내고 싶다는 생각을 했다. '어떻게 이 상황을 끝낼 수 있을까?' 수없이 생각했다. 아이가 변하기를 바란다고 변할까? 남편이 좀 더 강하게 아이를 혼내면 바뀔까? 상황이 변하든 변하지 않든 지쳐갔다. 관계는 무너지고 있었다. 아들과 나의 관계뿐만이 아니라 나와 남편의 관계 또한 무너져가고 있었다.

그때, 내가 변해야 한다는 것을 깨달았다. 아이에 대해 포기하는 것이 아니라 우선 나를 챙겨야겠다는 생각을 했다. 외부의 자극에 내가 이성을 잃어버리면 안 될 것 같았다. 외부에 흔들리지 않는 나의 강인한 마음이 필요했다. 나는 아이를 보지 않았다. 상황을 보지 않다. 게임을 하는 모습을 보지 않았고, 누워 있는 모습을 보지 않았다. 아이가 밥 먹을 때 봤고, 학교를 갈 때 봤다. 아이로 인해 내 감정은 흔들리지 않는다고 나 스스로 계속 다짐했다. 아이가 게임을 할 시간에 나는 온라인 수업을 들었다. 아침에 늦게 일어날 때 나는 노트북을 들고 나왔다. 나를 위한 배움의 시간을 가지려고 했다. 무언가를 배우며 내가 선택한 길을 가야겠다는 생각을 했다. 극한 상황으로 치닫기 전에 피하는 것도 방법이라는 것을 알았다. 점점 나에게도 안정을 찾기 시작했다.

나를 먼저 존중해야 남도 나를 존중한다. 그렇게 시간이 지나 다시 원만한 관계가 회복되었다. 아직 존중에 대한 습관이 태도로 변하지 않았다. 가끔 불쑥불쑥 부정적인 감정이 올라오지만 나를 진정시키려고 스스로 노력했다.

우리는 외부에서 오는 자극에 쉽게 흔들린다. 예측할 수 없는 다양한 상황으로 인해 부정적인 감정들이 나의 온몸을 휘감을 때가 있다. 살다 보면 분노를 참지 못하고, 내 탓을 하는 상대방에게 복수를 하고 싶어 할 때도 있다. 무의식적으로 나쁜 습관들이 다시 태도로 나오기 시작한다. 이런 감정이 올라올 때면 나에게 묻는다. 인생에서 무엇을 원하는지, 당연히 행복한 삶을 원한다고 말한다. 나는 의식적으로 어떠한 상황에서든 흔들리지 않도록 미리 행복 습관을 만들어 놓아야 한다고 생각한다.

다이어트에 성공한 사람들은 자기 관리에 철저한 사람들이다. 식사 습관과 운동 습관이 철저하기 때문에 흔히 독한 사람이라고 표현하기도 한다. 자신들이 정해놓은 습관으로 이루어진 결과이고, 그 습관은 태도로 고착화되었기 때문에 해낼 수 있는 것이다. 행복 습관이 만들어진다면 인생을 살아갈 때 얼마나 행복할까? 행복을 만드는 태도가 몸에 배어 있을 것이다. 힘든 일이 있을 때 행복 습관으로 회복하는 시간 또한 빨라질 수 있을 거 같다. 행복하기 위한 태도로 문제를 해결할 거니까. 사람마다 행복 습관을 만드는 방법은 다 다르다. 어떤 이는 운동을 하며 행복을 느낀다. 다른 누군가는 강아지와 산책하는 시간에 행복을 느낀다. 그런 행복감은 오직 스스로 선택한 경험을 통해 알 수 있다. 만약, 이유 없이 무기력하고 삶이 지루하게 느껴진다면 나만의 행복 습관을 찾기 위한 다양한 경험을 해보는 것은 어떨까 하는 생각을 한다. 경험에 투자하는 것은 나를 찾아가는 하나의 필수 조건 중 하나이다.

2장

엄마가 행복하지 않은 이유

1

사람들을 만나도 즐겁지 않다

인간은 다른 사람과 어울려 살아야 한다. 사람에 의해 상처도 받는다. 그렇다고 세상에 혼자 있다고 생각하면 불행한 삶처럼 느껴질 것이다. 타인과 어울려 살면서 나의 행복을 챙길 수 있는 방법은 무엇일까?

아들이 학년이 올라갈 때마다 엄마들은 삼삼오오 그룹을 만들어서 모임을 했다. 매 학년이 바뀔 때마다 모임을 왜 하는지 의구심도 들었다. 아들의 친구 엄마는 학부모 모임을 통해 많은 정보를 얻을 수 있다고 했다. 특히, 아들 엄마는 다른 엄마들과 친하게 지내야 한다고 강조했다.

남자아이들은 장난이 심하고 운동을 격하게 하면서 많이 다칠 수 있다고 생각하는 옛날 사고방식 때문인 것 같다. 아들 친구 엄마의 초대로 인해 같은 반 친구 엄마들 모임의 일원이 되었다. 나는 첫 모임부터 불편함을 느꼈다. 다른 엄마들과 친분이 있지 않은 상황이었기 때문이었다. 엄마들은 회비를 모아, 월 1회 정기적인 모임을 갖거나 여행을 가자고 했다. 금액은 크지 않았지만, 서로에 대해 잘 알지도 못하는데 어떻게 여행을 갈까? 월 1회 정기적으로 모여서 무슨 이야기를 하지? 아직 친하지 않은 상황에서 친해지기 위해 계획을 하는 상황이 되었다. 서로 친해지려고 하는 관계를 위한 계획이 필요한지 궁금했다. 굳이 물어보지는 않았다. 분위기를 탐색하는 과정이기도 하고, 유별나게 보이고 싶지 않았기 때문이다. 내 마음은 편하지 않았다. 다만, 다른 엄마들과 어울리는 것이 아들을 위한다고 생각했다. 초대해 준 엄마의 입장을 생각해서 세 달 가까이 회비도 내고 모임도 나갔다. 하지만 모임을 지속하던 중, 나에게 결단을 해야 할 때가 왔다. 나만 워킹맘이었다. 나로 인해 모임 시간이 변경되는 것이 불편했다. 결국 끝까지 함께하지 못했다. 모임 탈퇴는 나에게 자유를 주는 느낌이었다. 내가 주체적으로 결정해서 들어간 모임이 아니기에 시간이 흐를수록 이 모임의 의미를 찾을 수 없었다. 나를 제외한 다른 엄마들은 모임에서 즐거움을 찾았다. 모임을 통해 여행을 다녀오고 인생의 새로운 친구를 찾았다고 좋아했다. 모임을 통해 느끼는 감정은 극명하게 달랐다. 많은 사람들 속에서 같은 행복감을 느끼기 위해서는 주도적으로 나와 맞는 사람들을 선택해야 한다. 다양한 그룹 속에서 나 자신이 책임지는 주도적인 마인드로 타인을 만나는 방법을 찾아야 한다.

큰아이는 초등학교 때까지 축구를 했다. 남편은 남자는 축구를 잘해야 한다고 했다. 그렇게 시작한 취미 축구가 횟수가 늘면서 유소년 프로 축구에 들어가게 됐다. 클럽에서 유소년 프로 축구를 오픈하면서 취미반의 아이들 중 테스트를 통해 열정을 갖고 성실히 하는 아이들을 선발했다. 유소년 축구 클럽은 아이들과 학부모의 작은 사회였다. 대회가 개최되면 아이들은 주전으로 뛰고 싶어 했다. 코치나 감독은 시합에서 승부가 우선시였기 때문에 모든 아이들을 주전으로 뛰게 할 수 없었다.

한 팀이지만 아이들과 학부모들은 치열하게 경쟁했다. 나는 우리 아이를 축구 선수로 키우기 위해 축구를 시작하지 않았다. 아이가 좋아하고, 어렸을 때 한 가지 운동을 전문적으로 배우면 좋다고 생각했을 뿐이다. 아이들의 유소년 축구 클럽은 코치, 감독, 학부모, 친구 등 여러 이해관계가 얽혀 있다. 오늘의 동지가 내일의 적이 되는 관계가 되기도 한다. 아이들끼리는 친하지만 엄마들끼리 감정이 상하는 경우도 많았다. 큰아들은 붙임성이 좋은 성격 덕에 코치님들과 친하게 지냈다. 코치님들도 아들을 예뻐해주셨다. 아들과 코치와의 관계를 좋게 봐주는 사람은 없었다. 색안경을 끼고 우리 아들을 바라봤다.

사람과의 관계는 참 어렵다. 다른 사람이 나를 어떻게 생각할지를 고민하면서 행동에 제약을 줄 수 없다. 타인의 질투까지 고려하며 사람을 만날 수는 없는 거다. 그렇다고 타인이 느끼는 감정을 모두 무시할 수도 없는 노릇이다. 왜냐하면 함께 살아가야 하는 세상에 살고 있는 인간이기 때문이다. 함께 공존하기 위해 타인에 대한 배려와 공감 능력을 배워야 한다. 나는 아들에게 다른 친구들이 느낄 수 있는 감정을 설명하고 함께할 수 있는 방법을 찾도록 했다. 아들은 축구를 통해 리더십을 배우게 됐다. 우리는 흔히 리더십이라는 단어를 앞에서 다른 사람을 리드할 때 사용한다. 하지만 꼭 앞에서 리드하지 않아도 된다. 내가 어떤 자리에 있더라도 내 그룹 안에서 내가 행복함을 느끼며 내 그룹이 함께 결과를 이룬다면 모두가 자신의 자리에서 리더십을 발휘했다고 볼 수 있다.

퇴근을 하고 나는 항상 집으로 왔다. 퇴근 후 친구를 만나 수다를 떨고 싶었다. 쇼핑도 하고 싶었지만 베이비시터의 퇴근 시간을 지켜야 했다. 집으로 출근은 또 다른 누군가의 퇴근이었다. 나의 동료들은 항상 약속이 있었다. 동료들은 퇴근 후 친구들 모임에 참석했다. 나를 제외한 동료들끼리 회식도 했다. 퇴근 후 사람들과 어울린 동료들은 다음 날 힘든 기색으로 출근을 했다. 물론 나도 밤새도록 육아에 힘든 마음을 잡고 출근을 했다.

출근을 하면 서로 전날 모임에 대해 이야기를 나누었다. 나는 대리 만족에 열심히 들었다. 칵테일에 맛있는 안주, 삼겹살을 일렬로 굽는 습관 등 에피소드를 듣느라 아침 시간이 어떻게 가는지 몰랐다. 항상 결말은 '아! 힘들어.'였다. 항상 그룹 속에 속하기 위해 노력하는 사람도 힘들다고 말한다. 사람을 만나는 것이 힘들어서 혼자 시간을 보내지만 그 시간이 만족스럽지 못한 경우도 있다. 사람들과 어울려서 시간을 보내는 사람도, 혼자서 시간을 보내는 사람도 만족이란 없다는 생각을 했다. 어떠한 상황도 나에게 만족이 되지 않는다면 사람과의 관계도 균형을 이루어야 한다.

사람이란 타인과 나를 포함한다. 타인에게 의지하여 그 행복을 찾으려고 해서도 안 되고, 내 안에 빠져 타인과의 관계를 잊어버려서도 안 된다. 관계의 균형을 잡기 위해서는 나 자신의 중심을 잘 잡아야 한다. 그 중심이 한쪽으로 기울어진다면 관계가 깨지기 마련이다. 균형을 잘 맞춰 행복한 타인과 나의 관계를 유지했으면 좋겠다.

많은 사람들과 함께 지내다 보면 자신과 비교하기 마련이다. 사람들은 다른 사람의 불행을 통해 나는 그보다는 낫다고 생각한다. 비교를 통해 자신의 행복을 찾는 사람도 있다. 한동안 부동산 가격이 폭등을 하면서 나는 사람 만나는 것을 피했다. 주변에 나만 집이 없었다. 물론 그렇지 않지만, 나를 아는 사람들은 다 집이 있었고 집값이 올랐다고 행복해했다. 하물며 명절에 시댁에 가면 시어머니와 시누이가 집값이 올랐다며 좋아하는 모습조차 기분이 언짢았다. 나도 열심히 살아왔는데 나 혼자 실패자인 듯했다. 코로나로 인해 다들 월급 조정이 들어왔을 때 주변 지인들은 나를 부러워했다. 남편이 전문직이니 월급 걱정을 안 해도 되니 얼마나 좋겠냐고 했다. 그 말이 끝나기도 전에 나는 "너는 집이 있잖아."라는 말로 결론을 냈다. 사람들과 함께 시간을 보내도 서로 더 가진 것을 비교하고 부러워하며 대화를 했다. 나는 중심을 찾아야 했다. 한동안 사람을 만나지도 않았다. 스스로 문제점을 찾고 그것을 극복할 방법을 찾아야 했다. 사람을 만나도 '왜 행복하지 않지?'라는 질문을 많이 했다.

한동안 나만의 시간을 갖고 나니 다른 사람과의 만남도 여유가 생기기 시작했다. 나에겐 행복의 기준도 없었다. 모든 삶의 중심이 나에게 있지 않았다. 다른 사람들 속에 있어도 항상 초라하게만 느껴졌을 뿐이었다. 지금 내가 다른 사람과 함께 있어도 외롭다고 느껴진다면 자신과 먼저 대화를 해보길 권한다. 나 자신이 단단해진다면 어느 누굴 만나더라도 자신과 비교하지 않고 즐겁게 만날 수 있다. 관계 속에서 타인과 나를 비교라는 단어를 빼고 자신들의 이야기를 나눈다면 가치 있는 시간이 될 거라고 생각한다. 가치 있는 시간은 행복의 여운으로 나에게 남을 거다.

2

남편과 아이들이 없으면 난 무엇일까?

아빠는 직업 군인이었다. 나는 군인 아파트에 살면서 동네 아줌마를 부를 때마다 하나의 공통점을 발견할 수 있었다. 그것은 남편의 지위에 따라 아내의 지위가 결정된다는 점이었다. 윤 장군 아줌마, 이 대령 아줌마 등 남편의 직위로 동네 아줌마들을 불렀다. 우리 엄마도 전 대령 아줌마였다. 군대라는 특별한 공간에서 있을 수 있는 일이었다. 나는 엄마가 되면서 남편의 지위에 따라 아내의 사회적 계급이 정해진다는 것을 알게 되었다.

큰아이가 축구 수업을 하는 동안, 엄마들은 삼삼오오 자리를 잡고 축구하는 모습을 지켜보며 이야기를 나눴다. 항상 수업시간보다 일찍 축구장에 도착해서 아이의 모든 것을 챙기는 엄마가 있었다. 그 아이는 외동아이 소리였다. 소리 엄마는 새벽에 운동을 하든 저녁 시간에 운동을 하든 언제나 풀 메이크업을 하고 축구 연습장에 왔다. 나는 참 부지런하고 관리를 잘하는 소리 엄마가 대단해 보였다. 시간이 지나면서 그 엄마와 자연스럽게 이야기를 나누게 되었다. 소리 엄마는 우리 그룹에 대해 쉽게 알지 못하는 것들을 알고 있었다. "A엄마는 반포에 살고, 요식 사업을 해요. B아빠는 변호사고, C아빠는 대기업에 다녀요." 등 다른 가정의 아빠 직업 등 가정사에 대해 모르는 것이 없었다. 더 놀란 것은 D엄마가 한 의사였는데 그만두고 일을 안 한다며 극비라고 했다.

그녀의 이야기를 듣는 내내 아이들을 있는 그대로 보지 않고 부모의 직업으로 나눈다는 느낌이 들었다. 나도 변호사 아들, 대기업 아들이라고 지칭하며 부모 직업과 연결된 시선으로 아이들을 바라보는 느낌이 들었다. 그렇다면 내 아이는 다른 부모에게 어떻게 불릴까? 부모의 직업으로 아이의 사회적 위치를 보게 된다면 아이들이 받을 스트레스가 있겠구나 하는 생각이 들었다.

선배 언니는 자녀가 어리다면, 남편의 직업이 아내의 사회적 위치를 결정한다고 했다. 자녀가 초 · 중 · 고등학생이라면 자녀의 성적으로, 자녀가 대학생이라면 자녀의 대학 이름이 엄마의 지위를 대변해준다고 했다. 나의 자녀들이 나이가 어릴 땐 선배 언니의 이야기를 이해할 수 없었다. 내가 직장을 다니고 있을 때라 엄마들과 교류가 많지 않았고 가깝게 지내는 주변 엄마들도 없었다.

큰아이가 초등학교에 입학을 하고 학부모 모임을 다녀온 후, 선배 언니의 말이 무엇인지 조금은 이해가 됐다. 학부모 모임 내내, 엄마들은 공부를 잘하는 자녀를 둔 엄마 중심으로 모여들었다. 소위 공부 잘하는 자녀를 둔 엄마의 공부 방법에 대한 강의가 펼쳐졌다. 엄마들은 귀를 쫑긋 세우고 잘 나가는 학원, 과외 교사 등에 대해 물어보느라 바빴다. 그녀의 이야기를 들으며 부럽기도 했다. 내 아이도 공부를 잘했으면 하는 생각도 했다. 어딘가 모르게 그 엄마의 모습에서 당당함이 비쳐졌다. 공부를 잘하는 자녀를 통해 행복을 느낀다면 그것 또한 그 엄마의 복이라고 생각했다. 사람마다 자신에게 주는 행복이 다르기 때문에 그 행복을 충분히 만끽하는 모습이 보기 좋았다.

자녀의 성적이 엄마의 지위가 된다는 말은 자녀가 공부를 잘하길 원하는 엄마들이 만들어낸 말처럼 들렸다. 우리가 경험이 많은 사람의 이야기를 듣고 싶어 하는 것처럼 좋은 대학에 보낸 부모의 경험을 듣고 싶은 것이다. 그러니 그 엄마 주위로 모여드는 것은 당연한 일인지도 모른다. 나는 공부에 대한 노하우를 이야기하는 엄마가 대단해 보였고, 부러운 마음도 들었다. 하지만 그것을 잘난 척한다고 생각하고 기분 상해한다면, 그것 또한 내 안의 상처에서 비롯된 것일 수 있다. 나도 모르는 나의 상처로 인해 느끼게 된 부정적인 생각이 무엇인지 나 자신에게서 찾아봐야 한다.

나의 아들 둘은 주변 어른들과 선생님들에게 칭찬을 많이 받았다. 요즘 아이들답지 않게 주변을 살피고, 예의 바르고 친구들과 함께 하는 활동에서 서로 도와가며 과제를 마무리한다고 했다. 리더십도 있고 운동을 잘해서 주변에 친구들도 많았다. 엄마인 나도 우리 아이들이 남들과 잘 소통하고 리더십 있는 아이로 성장하길 바랐다.

그런 바람과는 달리, 점점 아이들이 학년이 올라가면서 성적을 무시할 수 없었다. 아이가 시험을 보고 점수를 받아오면서 나 자신을 자책하기 시작했다. 많은 경험을 통해 성장하길 바랐던 마음이 아들의 시험 점수에 흔들렸다. '어렸을 때부터 학원에 보내 오래 앉아 있는 훈련을 했어야 했는데….', '영어 유치원을 보내서 일찍 영어 공부를 시켰어야 했는데….' 하는 마음과 함께 넉넉하지 못한 형편 때문에 비싼 영어 유치원에 보내지 못한 나의 상황을 탓하기 시작했다. 공부를 오래 했던 남편의 탓인 것 같고, 내가 일을 할 때 손자를 봐주지 않은 시어머니 탓인 것처럼 생각됐다. 나아가 경제에 무지한 나 자신이 바보스러웠다. 사람은 문제가 생기면 탓을 하고 싶은 대상을 찾기 마련이다. 아직 성장이 끝나지 않은 청소년기 아들의 성적을 인생의 결과인 마냥 생각을 한 나 자신도 한심했다. 나도 말로는 엄마가 주도적으로 살아야 행복하다고 말하지만, 나의 외부 조건들을 세상의 기준에 맞추어 생각하면서 나 스스로를 더 작게 만들고 있었다. 나를 작게 만드는 것은 나를 이루는 조건들이 아닌 나 자신의 자격지심에서 비롯되는 것이었다.

사회에 나와서 만난 친구가 있다. 나보다 나이는 5살이나 많은 언니였다. 우리는 가끔 만나면서 서로의 일과 가정에 대해 이야기를 나눴다. 자주 만나지 않아도 어제 만난 친구처럼 이야기하느라 시간 가는 줄 몰랐다. 나는 그 친구를 떠올리면 평안한 삶을 사는 친구로 기억된다. 그런 친구와 한동안 서로 연락이 끊겼다가 4년 만에 다시 만나게 되었다. 여전히 얼굴은 평안해 보였다. 그동안 자신이 살았던 이야기를 풀어내는데 힘들었겠구나 하는 생각이 앞섰다. 힘든 이야기를 건네는 친구는 부정적인 단어를 한 번도 사용하지 않았다. 오히려 경제적인 이유로 친청과 시댁의 어려움을 고스란히 짊어진 이야기를 드라마처럼 재미있게 말하는 모습이 놀라웠다. 지금은 멋진 집을 지어 친정, 시댁 식구들과 다 함께 사는 하나의 드라마 같은 해피엔딩 이야기였다. 그 힘든 과정도 형제, 남편 등 가족의 탓으로 삼지 않았다. 오히려 자신의 잘못된 생각을 바꿨더니 모든 게 새로이 이루어졌다고 했다. 친구의 이야기를 들으면서 그 친구의 생각하는 방법을 닮고 싶었다. 행복의 조건이 주변에서 만들어지는 것이 아닌 나를 중심으로 어떻게 세상을 바라보느냐에 따라 다르다는 것을 그 친구를 통해 배우게 되었다. 이 친구는 하나의 아이디어로 회사를 창업한 대표이다. 한때 가족들로 인해 삶이 빚더미로 힘들게 됐다. 하지만 삶이 바닥으로 내려앉아 있을 때 스스로 일어났다. 지금도 꾸준히 자신의 일을 이어가며 긍정적인 삶을 살아가고 있는 모습이 나의 시간을 다시 생각하게 만들었다.

세상엔 기준이 없다. 그 기준은 내 안의 욕심이 만들고 있을지 모른다. 그 욕심이 나를 성장시키는 원동력이 되는지, 나를 병들게 하는 바이러스인지 나만이 알 수 있다. 내가 만들어 놓은 기준으로 행복을 따질 필요는 없다. 타인에게 보기 좋은 지위를 갖는 것이 내가 진정으로 원하는 행복인지 알아야 한다. 행복의 지위를 먼저 찾는 것은 어떨까?

3

나를 불편하게 하는 사람과는 멀어지자

우리는 평안한 삶을 원하지만, 인생은 내가 계획한 대로 되지 않을 때가 많다. 항상 문제가 따라 오기 마련이다. 그 문제를 어떻게 받아들이는가에 따라 실패하거나 반대로 성장의 발판으로도 삼을 수 있다. 성장을 선택하고 싶다면 자신을 다시 일으킬 수 있는 회복탄력성이 필요하다.

나는 사람과의 관계에서 오는 스트레스 지수가 높았다. 교육 기관에서 일하면서 다양한 성격과 기질을 가진 학생과 학부모들을 교육하고 상담을 했다. 오랜 경험들은 사람에 대한 이해도를 높게 만들었다. 반면, 스트레스도 쉽게 받는 편이었다. 퇴근 후 스트레스 회복을 위해 내가 선택한 방어기제는 집에 와서 조용히 내 방에 있는 것이었다. 어느 누구하고도 말을 하고 싶지 않았다. 조용히 나만의 시간을 보내다 보면 하루에 있었던 좋고 싫었던 일들을 정리할 수 있었다. 결혼 전에는 저녁 10시 전에 잠에 들곤 했다. 연애를 위해 밤늦게까지 놀 수 없었다. 에너지를 소비할 수 없었다. 직장은 내가 힘들다고 쉽게 그만둘 수 있는 곳은 아니었다. 내가 스트레스 회복을 위해 선택한 방법은 퇴근 후 만남을 줄이고 숙면을 취하는 것이었다. 각자 자신의 지친 일상의 회복을 위한 자신만의 회복 관리가 필요하다.

우리는 공동체 속에 살면서 많은 사람들을 만난다. 나에게 좋은 영향을 주는 사람도 있지만 그렇지 못한 사람들도 있다. 좋은 사람과의 만남이 나의 주도권으로 이루어진다면 더할 나위 없지만 그렇지 않은 경우도 있다. 결혼은 내 인생에 또 다른 공동체였다. 결혼이라는 테두리 속에 나의 선택과 상관없이 생긴 새로운 가족, 시댁 식구들이 있었다. 내가 남편을 선택하면서부터 남편의 가족들은 자연스레 가족이 되었다.

결혼을 하고 3년 정도 우리 부부는 싸움이 잦았다. 남편과 나의 관계에서 오는 문제보다 시댁 식구들과의 갈등으로 인한 불편함으로 남편과 얼굴을 붉히는 일이 자주 있었다. 시어머니와 나는 하나부터 열까지 생각하는 방법이 달랐다. 시어머니는 순종적인 며느리를 원하셨겠지만 나는 나를 존중하지 않는 말들을 들을 때마다 스트레스를 받았다. 시댁에 가면 나는 감정이 없는 사람처럼 앉아 있었다. 조금 편하게 이야기를 나누면 어느덧 나의 감정을 다치게 하는 말들이 오갔다. 그렇다고 나의 감정을 적나라하게 표현할 수 없는 자리였기에 나는 말을 많이 하지 않는 방법을 선택했다. 나만의 감정 거리두기를 했다. 어른들 입장에서 며느리가 말도 잘 안 하고 호탕하게 웃지도 않으니 서운하시겠지만 나를 위한 방어기제였다. 내가 말도 잘하고 호탕하게 웃으면 나를 만만하게 생각하시는 것 같은 어른들에 대한 나의 방어적 태도였다. 나는 못된 며느리가 되려고 마음을 먹었다. 나의 마음을 다치지 않기 위해서였다.

그렇게 시간이 지나다 보니 나는 시댁만 갔다 오면 진통제를 찾았고, 남편한테 나의 불편함을 쏟아부으며 상처 주기에 바빴다. 그러던 중 남편은 나에게 당분간 시댁에 가지 말라고 했다. 남편은 부부 사이의 문제가 아닌 제3자에 대한 문제를 가지고 싸우지 않으면 좋겠다고 했다. 내가 시댁에 갔을 때 편하지 않아도 부정적인 감정을 안 느낄 때 가는 건 어떻겠냐는 의견을 제시했다. 그 말을 듣고 처음에는 '그래도 될까' 하는 생각도 했지만 나를 위한 결정을 했다. 그렇게 5~6개월이 지나 시댁에 다시 갔다. 물론 현관문에 들어가면서부터 서먹했지만 시어머니의 반응은 아무 일 없었던 것처럼 대해주셨다. 시어머니도 내가 안 오는 것에 대해 생각할 시간을 가졌던 것 같았다. 그 후로 우리는 눈에 보이지 않는 선을 긋고 서로에게 조심하면서 이야기를 했다. 그 일이 있고 난 후, 남편과 나는 문제 상황이 생기면 예전처럼 서로에게 상처를 주는 말 대신 문제 해결을 위해 상의하기 시작했다.

인간관계에 대해 내 안에 정의가 없다면 항상 스트레스로 다가올 수 있다. 자녀의 인간관계까지 신경을 쓰게 되는 것이 엄마의 역할인 것 같다. 이런 역할이 자녀들과 다툼을 만들 수 있다는 것을 사춘기를 겪으며 알 수 있었다. 자녀가 어릴 땐 좋은 친구를 사귈 수 있도록 엄마들은 우리 아이와 잘 맞는 아이가 누구인지 탐색전을 벌인다. 학교 상담을 갔을 때 선생님들에게 우리 아이가 친구들과 잘 지내는지, 싸움은 없는지 등 교우관계부터 물어보게 된다. 우리 아이가 외톨이가 되지 않고 사회성이 좋았으면 하는 바람이다.

더 나아가 어떤 친구랑 친한지, 친한 친구는 어떤 성향인지, 부모님은 어떤 일을 하는지 엄마들은 다양하고 많은 것들을 궁금해한다. 막상 친구가 많았던 자녀가 청소년이 되면서 친구 때문에 이런저런 고민을 하기 시작했다. 그런 자녀에게 친구는 필요 없으니 공부에 신경을 쓰라고 한다. 오히려 친구가 많지 않았으면 하는 바람이 생기기까지 한다. 학교에서 불량한 친구보다 공부를 잘하는 친구들과 친하게 지내라고 말한다.

이미 자신의 생각이 옳다고 생각하는 사춘기 자녀들은 엄마의 이런 말들이 어처구니없다고 생각한다. 아들은 "꼰대처럼 말하지 마세요." 하며 문을 닫고 방에 들어갔다. 나 또한 이런 과정을 겪으며 청소년기 관계에 대해 많은 생각을 했다. 그저 내 자녀가 주어진 환경 속에서 자신을 단단하게 만들 수 있도록 도와주는 것밖에 없다는 것을 깨달았다.

40대 중반에 접어들었다. 나는 다양한 인간관계 경험들을 통해 나와 맞는 사람과 불편한 사람을 알게 된 거 같다. 가족도 마찬가지였다. 가족 관계 중에도 나를 불편하게 하는 사람이 분명히 있다. 가족이라는 그 단어 때문에 "좋은 게 좋은 거지."라는 말로 그냥 넘기는 순간들이 오히려 나에게 독이 된다는 것을 알게 되었다. 가족 관계에서도 스트레스로 다가올 때가 있는데 사회에서 만난 타인은 어떻겠는가?

나는 내가 선택하는 사람과 잘 지내려고 한다. 나는 사람들과 가볍게 친하게 지내지 않는다. 쉽게 친해지지도 않는다. 한번 친해지면 오래도록 신뢰하며 지낸다. 타인에게 좋은 사람처럼 보이며 주변에 사람이 많이 있을 필요는 없다. 나는 인맥을 넓히는 것보다 가지고 있는 인맥의 깊이를 넓히는 것이 더 좋다는 것을 안다. 가끔은 사람 사이의 호불호가 강하다는 말을 듣지만 세상에 내가 좋아하는 사람만 만나고 이야기 나눌 시간도 부족하다는 생각이 든다.

직장을 다니고, 결혼을 하고 자녀를 키우며 타인의 말과 상황에 맞추어 스스로를 평가하는 삶을 산 것 같다. 엄마가 되고 주변에서 "~라서 안 돼."라는 말을 참 많이 들었다. 입버릇처럼 된 말이 '안 돼.'라는 부정어였다. 엄마이기에 당연히 책임져야 할 부분이 많이 있다. 하지만 옆에서 '안 돼.'라는 말을 하는 사람보다 '~이지만, 할 수 있어.'라는 사람이 친구라면 더 든든하지 않을까 하는 생각이 든다. 친구는 내가 만들 수 있다. 내 안에 자신감이 있다면 자신감이 있는 친구를 사귀게 된다. 내가 행복을 원하는 사람이라면 행복한 친구에게 마음이 끌리게 된다. 지금 내 옆에 부정적인 말만 하는 친구가 있다면 그건 부정적인 생각을 하는 자신의 모습일 수 있다.

4

타인에게 위로 받기보다 스스로 치유하는 게 낫다

교육 기관에서 수년간 일을 하면서 많은 엄마들과 상담을 했다. 주제도 다양했다. 아이들의 이야기를 시작으로 엄마 자신의 문제를 조심스럽게 상담하는 경우도 있었다. 시댁과의 문제, 남편과의 문제, 자녀 친구 엄마와의 갈등 등 많은 이야기를 나누었다. 나는 적극적으로 상대방의 이야기를 듣는 편이다. 상담 내내 말하는 사람의 입장이 되어 듣는다. 나와 생각의 차이가 있다고 하더라도 상대방의 문제 해결을 위해 어떤 제안을 내 놓지 않는다. 왜냐하면 내 안의 문제는 당사자가 제일 잘 알고 있기 때문이다. 당사자는 말을 하는 내내 자신이 문제를 해결해야 한다는 것도 알고 있다. 나는 단지 엄마들의 이야기를 들어주기만 했을 뿐인데 엄마들은 돌아갈 때 나에게 고맙다고 했다. 엄마들은 자신의 힘든 이야기를 하는 것만으로도 위로를 받았다고 생각한 것 같다.

　결혼을 하고 익숙하지 않은 동네에서 신혼 생활을 시작했다. 인사를 나누며 마음 편히 이야기 나눌 수 있는 친한 동네 친구들은 없었다. 시간이 흘러 아이가 생기고 유치원 친구 엄마들과 인사를 하면서 동네 친구들이 하나둘 생겼다. 그때까지만 해도, 가족보다 이웃사촌이 낫다는 말을 실감하지 못했다. 아들이 태어나면서 육아에 대해 함께 나누다 보니 가족보다 더 나를 이해해주고 공감해주는 친구가 하나둘 생겼다. 많은 친구는 아니었다. 나를 숨기지 않고 솔직하게 얘기할 수 있는 친구가 한 명만 있어도 된다고 생각했다. 나에게도 동네에서 사귄 그런 친구가 한 명 생겼다. 마음을 나눌 수 있는 친구를 찾은 것도 행운이었다. 아이들을 통해 만난 엄마들은 여행도 같이 가고, 모임도 하며 친목을 다지지만 결국엔 그 관계가 오래가지 못한다는 것을 나는 알고 있었다. 사람 마음에는 항상 시기와 질투가 자리 잡고 있기 때문에 그 모든 것을 초월할 수 있는 관계만이 지속성을 유지하게 된다는 것을 말이다.
　우리 큰아이는 굉장히 활동적이고 에너지가 넘치는 아이였다. 주중에는 직장을 다니니 주말에 아이를 데리고 여기저기 많은 곳을 다녔다. 우리 아이도 단짝이라고 생각하는 유치원 친구가 있었다. 우리 아들과 단짝인 친구 엄마와도 자연스럽게 친하게 되었다. 유치원이 끝나면 함께하는 시간이 많았다. 단짝 친구와 함께 바닷가도 가고, 놀이동산도 갔다. 그렇게 유치원 생활을 잘 보내는 것 같았는데, 나에게 던진 그 엄마의 말은 충격이었다.

자기 아들이 "엄마가 운전을 못 하니까 항상 친구 엄마의 차를 타고 다녀야 하잖아요."라며 그녀에게 짜증을 냈다는 것이었다. 그래서 앞으로 같이 못 다니겠다는 것이었다. 더군다나 그 친구는 아이가 '친구 아빠가 우리 아빠보다 젊어서 잘 놀아주는 것 같다'고 이야기를 했다며 같이 노는 것에 대한 불편함을 나에게 표현했다. 나만 친하다고 생각한 것이었다. 내 얘기도 숨김없이 다 하고 서로 이해한다고 생각했던 관계에서 상대방은 불편함을 느끼고 있었다는 것은 적잖은 충격이었다. 그 이후로 그 아이와 엄마는 우리 아들과 함께하지 않았다. 내가 그런 마음을 일찍 알지 못한 이유가 더 있을 거라 생각했다. 함께 많은 시간을 같이 나누며 위로 받던 이야기들이 그 엄마에게는 다른 감정으로 전달된 듯했다. 아무리 친하더라도 자신의 감정을 숨긴 채 지속되는 관계는 상처만 남는다는 것을 깨달았다.

나는 딸 부잣집의 막내이다. 언니들과 나이 차이도 많이 나서 남들이 볼 때는 언니들이 많이 예뻐했을 거라고 말했다. 우리 식구는 여느 딸 부 잣집처럼 끈끈한 정을 나누는 사이는 아니었다. 그렇다고 서로를 불편해 하거나 어려워하는 관계도 아니다. 자매들의 관계를 생각하면 혈연으로 연결된 남들보다는 특별한 관계인 것 같다. 결혼할 때 나는 엄마가 안 계 셨기 때문에 언니들의 따뜻한 조언과 도움을 듣고 싶었지만 서로의 개인 생활에 바빴던 언니들은 알아서 잘 하겠지 하는 마음으로 옆에서 믿어주 기만 했다. 그 당시 나도 언니들에게 도와달라는 요청을 하지 않았던 것 같다.

우리 자매들은 그런 관계였다. 그렇게 각자 알아서 결혼을 했고, 나는 친정 아빠가 혼자 있는 것이 안쓰러워 같이 살았다. 시간이 지나면서 독 립하지 못한 내 자신이 한심스러웠다. 아이들이 태어나면서 불편함은 계 속 늘어났고, 아빠와 함께 살더라도 아빠에 대한 책임감은 언니들과 나 눌 수 있을 거라고 생각했다. 나의 어리석은 생각이었다. 우리 가족들 누 구도 내가 아빠를 모신다고 생각하지 않았다. 함께 살기로 한 나의 선택 에 대한 책임이라고 말을 했다. 가족이라도 같은 상황을 경험하지 않는 다면 나의 감정을 전혀 이해하지 못한다는 것을 깨달았다.

한번은 언니가 나에게 이런 이야기를 했다. "너는 저금을 안 하더라. 여행도 가고 싶은데 다 가고." 남의 속사정도 모르고, 이렇게 생각을 할 수 있구나 하는 생각이 들었다. 나는 아이들이 유치원에 다닐 무렵부터 1

년에 한 번씩 일주일 정도 아이들을 데리고 여행을 갔다. 온전히 우리 네 식구만의 시간을 보내고 싶었다. 우리 식구만 오붓하게 먹고 싶은 대로 먹고 생활하고 싶었다. 나하고 싶은 대로 하면서 온전히 우리 가족만의 시간을 보내고 싶었던 것이 여행이었다.

사실 가기 전에는 짐 싸느라 여행의 설렘보다 노동의 고통을 더 느꼈다. 다녀온 이후에는 집 정리를 하느라 노동의 연속이었다. 그럼에도 그 일주일의 시간은 온전한 우리 가족의 시간이었다. 언니들에게 이런 나의 상황을 이해해달라고 말하고 싶진 않았다. 가족이라고 내 마음을 이해해주고 알아줄 거라는 기대조차도 욕심이라는 생각을 했다. 사람은 경험해보지 않으면 절대 알지 못한다. 40대 중반을 넘으면서 나만의 방식으로 상처를 치유하게 됐다. 타인에 의한 상처 치유가 아닌 나 스스로 내 마음을 단단하게 만든 것 같다. 어느 누구도 내가 아니기 때문에 나를 이해할 수 없다. 나를 이해하고 나를 충분히 공감할 수 있는 사람은 나뿐이라는 것을 알기 때문이다.

결혼을 하고, 주변 친구들과 결혼 생활에 대한 다양한 이야기를 하곤 했다. 시댁 식구들과의 문제, 남편과의 다툼, 독박 육아 등 나의 힘든 생활에 대해 이야기를 하며 공감해주기를 원했다. 가끔은 내 이야기를 누군가가 아무 조건 없이 들어주는 것만으로도 스트레스가 풀릴 때가 있다. 하지만 이야기의 끝은 언제나 풀지 못한 불편한 마음이 마음 한켠에 자리 잡고 있었다. 수다를 통해 문제가 해결된다면 마침표가 있겠지만 집에 돌아오면 현실은 똑같고 내가 갖고 있는 불편함은 해소되지 않았다.

이때부터 나의 불편함과 감정을 적기 시작했다. 막연한 생각들이 머릿속을 떠다니며 나를 괴롭힐 뿐이었다. 나를 힘들게 한 시댁 식구들, 직장생활에서 느끼게 된 불편한 감정들을 되새기며, 그 상황에서 하지 못한 나의 방어적 언어를 생각했다. '나도 내 감정을 정확하게 얘기했어야 했는데…. 나를 만만하게 생각한 건가?' 내가 나를 방어하지 못했다는 생각으로 분노가 올라오기까지 했다. 그렇게 하루가 지나면 다시 똑같은 생활의 반복이었다. 그때마다 또다시 나의 분노를 기록했다. 욕도 썼다. 나의 지금 감정이 어디로부터 오는지 감정노트에 기록할 땐 나를 객관적으로 볼 수 있다는 것을 알았다.

내가 해결해야 할 문제도 있지만 다른 사람의 문제로 내 감정이 다치는 경우가 있다는 것을 기록을 통해 깨달았다. 나를 집중해서 볼 수 있는 기회를 갖는 것이 중요하다는 생각을 하게 되었다.

사람은 말로 위로를 받고 상처를 받는다. 감정이 흔들리기도 한다. 세상에 나 혼자가 아니기 때문에 그렇다. 세상 사람들이 나한테 듣기 좋은 말만 해주지 않기 때문에 내 감정은 누군가의 말 한마디로 요동친다. 나한테 듣기 좋은 말만 해준다고 그게 진심인지 나는 또 의심한다. 오롯이 나는 나의 감정이 무엇인지 들어본다. 누군가에게 들어달라고 말로 다 쏟아내기도 해보지만 그때뿐이다. 엄마는 누구보다 감정 노동이 심한 직업군이다. 훈련이 필요하다. 진정한 엄마의 행복을 위해서는 때로는 타인에게 위로를 받는 것보다 스스로 치유하는 것이 낫다.

5

자녀 친구의 엄마는 엄마의 친구가 될 수 있을까?

우리는 살면서 친구를 잘 사귀어야 한다는 것을 알고 있다. 어렸을 땐 나와 같이 깔깔대며 재미있게 이야기를 나눌 수 있는 친구가 좋았다. 나이를 먹을수록 아는 사람은 더 많아지는데 내가 마음 편히 이야기를 나눌 수 있는 사람은 점점 더 줄어들고 있다.

40대 중반이 되면서 주변에 친구가 많다고 말하는 사람을 보면 그것이 어떤 의미인지 나 스스로에게 물어보는 경우가 있다. 나는 친구가 많은 편은 아니다. 내가 친구와 저녁 약속 모임이라도 하면 아들들은 항상 물어본다. 내가 누굴 만날지 알고 있기 때문이다. 내가 친구라고 말할 수 있는 사람은 조건 없이 평생 만나는 사람이다. 나에게 친구는 나이도 중요하지 않다. 얼마나 진심으로 서로를 존중하느냐가 중요하다. 그래서 나의 친구 목록을 보면 학교, 종교, 단체 등 한곳에 집중되어 있지 않다. 속마음을 다 이야기하고 서로 공감하는 친구가 꼭 많을 필요가 있을까?

둘째 아들이 초등학교 입학을 했다. 첫째 아들이 입학할 때와 또 다른 느낌이었다. 늘 그렇듯 입학을 하고 한 달쯤 지났을 때 반 모임을 했다. 첫째 아들의 경험이 있었던 나는 여유로운 마음으로 자리에 앉았다. 둘째 엄마들은 모임에 많이 나오지 않는 편이었다. 나도 같은 반 엄마의 부탁으로 함께하게 된 자리였다. 그날은 첫 소개부터 생소했다. 대표로 한 엄마가 일어서더니 "각자 자기소개를 'ㅇㅇ엄마 ㅇㅇㅇ입니다'로 해주세요."라고 했다. 그리고 앞으로 ㅇㅇㅇ 씨로 이름을 불러달라고 했다. '엄마가 아닌 자기 이름으로 불러주세요.'라는 취지는 이해가 갔다. 하지만 나는 엄마의 역할로 이 자리에 나와 있었다. 선우 엄마가 1학년 1반 모임에 엄마들을 만나러 와 있는 자리였다. 내가 엄마인 것을 부정하고 싶지 않았다. 그렇게 다시 선우 엄마로서 아들 친구 엄마들을 만났다.

6명의 아들 친구 엄마들이 나의 친구가 됐다. 큰아이 때와는 달리 내가 원해서 참여하게 되었다. 처음에 우리는 서로에게 ㅇㅇ 엄마, ㅇㅇ 엄마라고 부르며 예의를 갖추고 조심스럽게 다가갔다. 하교 후, 같이 놀이터에서 놀았다. 아이들은 가끔 가벼운 말다툼을 했지만 큰 싸움은 일어나지 않았다. 다들 큰아이를 키운 경험이 있어서인지 아이들의 싸움에 엄마들이 크게 관여를 하지 않았다. 엄마들은 정기적으로 만나지도 않았다. 아이들은 학교에서 만날 테니 엄마들이 크게 신경 쓰지도 않았다. 1년이 지나 아이들은 2학년으로 올라갔다. 6명의 아이들 중 같은 반이 된 아이들도 있고, 다른 반이 된 아이들도 있었다. 같은 반이 되었다고 단짝처럼 친하지도 않았다. 아이들의 세계는 참 이상하다. 같은 반일 때 절친 같았던 사이가 점점 나이를 먹으면서 멀어지는 경우도 생겼다. 아이들도 자신들의 가치관이 생기기 때문일 거라는 생각이 들었다. 엄마들은 여전히 친구처럼 지낸다. 우리는 누구의 엄마로 만났지만 엄마라는 공감대로 이야기를 할 뿐 각자의 가정사를 시시콜콜 알려고 하지 않는다. 각자의 삶에 대해 이야기한다. 아이를 통해 만난 인연이라도 서로에 대해 예의를 갖추고 가치관이 맞다면 오래갈 수 있는 친구 사이가 될 수 있다고 생각한다.

왜 엄마들은 내 아이의 친구 엄마를 꼭 사귀려고 할까? 첫아이를 학교에 보낼 때 주변에서 학교 운영 전반이나 학교생활에 대해 알고 싶으면 엄마들과 친하게 지내야 한다고 했다. 아이가 학교생활을 잘하고 있는지 알기 위해서는 엄마 모임에 참석하는 것이 좋다는 이야기를 많이 들었다. 큰아들이 초등학교에 다닐 때는 경험이 없어서 주변 엄마들의 조언을 들어야만 할 것 같았다. 그 당시 나는 워킹맘이어서 남들이 하는 것을 다 해야 한다고 생각했다. 큰아들 친구 엄마 모임에서 어색하게 앉아서 요리조리 눈을 돌리며 탐색했던 모습은 마치 여러 마리의 미어캣 같았다. 나의 자녀와 같이 지내도 될 괜찮은 아이를 찾는 것이 아니었다. 나의 아이와 같이 지내도 될 괜찮은 집안을 찾는 엄마 미어캣 같았다. 집안이라는 것이 오해의 소지가 있을 수 있다. 경제적 조건이라고 생각할수 있지만 꼭 그런 것만은 아니다. 엄마들은 자신과 비슷한 교육관과 가치관을 갖고 있는 또래의 엄마를 찾고 있는 것이다. 너무 다른 교육관과 가치관으로 만날 때 갖는 불편함보다 서로를 공감하고 정보를 공유하며 함께하길 원하기 때문이다. 이런 생각으로 학기 초부터 서로를 탐색하며 서로 통하는 엄마끼리 친구가 되려고 노력한다.

은현이라는 친구는 남편의 직장으로 인해 결혼과 동시에 지방으로 이사를 했다. 출산을 하고 아이가 초등학교 입학 전까지 은현이는 지방에서 많은 경험을 하며 살았다. 남편 직업은 전문직으로 경제적으로도 어려움이 없었다. 초등학교 입학 전 남편은 서울로 발령을 받았다. 발령을 받았다기보다 받기 위한 노력의 결실이었다. 은현이는 아이 교육은 꼭 서울에서 시키고 싶어 했다. 어느 날 은현이는 나에게 전화를 했다. 아이가 입학하고 학부모 모임에 나가야 하는데 엄마들이 유치원을 어디서 나왔는지 물어보면 어떻게 해야 할지 고민이라고 했다. 처음 질문을 들었을 때 은현이의 의도를 파악하지 못했다. 홍길동이 아버지를 아버지라고 부르지 못하는 사연 같았다. 은현이가 이사한 동네는 교육의 메카였다. 내가 오랫동안 일한 동네이니 그 동네 엄마들의 분위기를 알고 싶어 했던 거다. 유치원을 다른 동네에서 졸업을 했기 때문에 아는 사람이 한 명도 없다는 것이 문제였다. 학교 친구들과 함께 공유할 수 있는 것이 없다는 이유로 자신의 아이를 모임에 참여시켜주지 않을까 불안해했다. 엄마들과 친해지는 방법을 알려달라고 했다. 한 동네에 오래 살면 같은 유치원을 다닌 아이들이 같은 초등학교에 입학을 하는 경우가 많다. 그러나 같은 반이 되는 경우는 그 중 몇 명뿐이고 그렇지 않은 경우도 많다. 나는 은현이에게 무언가 얻기 위해 친해지려고 하는 마음을 버리고 학부모 모임에 나가라고 조언을 했다. 사람 관계에서 목적을 갖고 만나려고 하는 것은 비즈니스 관계이지 친구가 아니다. 마음 깊은 곳에 내가 그 모임에서 원하는 것이 무엇인지를 찾아보라고 했다. 분명 모임에 나가면 희한하게 나 같은 사람이 한 명쯤 있다. 그 한 명이 나의 마음에 자리 잡을 수 있다. 혹은 그 모임에서는 한 명도 내 마음속에 들어오는 사람이 없을 수 있다. 그건 그 자리에 온 모든 사람이 나에게 불편함을 주었다는 거다. 헤어지고도 불편함이 지속되는데 왜 군이 친구가 돼야 할까?

자녀의 친구 엄마가 꼭 엄마의 친구가 되는 것은 아니다. 그러나 자녀의 친구 엄마가 아닌, 사람 대 사람으로 사귀면 마음에 맞는 친구가 될 수 있다. 이때 필요한 것은 자녀와 분리하는 마음이다.

6

SNS 속에서 행복을 찾는 엄마들

직장을 그만두고 아이와 많은 시간을 함께 보내게 됐다. 그동안 함께 하지 못한 것을 하면서 어디를 갔는지, 무엇을 먹었는지 사진으로 다 남기기 시작했다. 그 사진들을 소셜 미디어에 올려 친구들과 공유하기도 했다. 사실 나는 나의 개인적인 일상을 공개할 만큼 개방적인 성격이 아니다. 내가 허락한 친구들하고만 공유할 뿐이었다. SNS를 시작하면서 나도 남들처럼 행복하게 보이고 싶었다. 항상 아이들과 함께 있지만, 육아에 지친 하루를 보내고 있는 모습이 아닌 다른 엄마들처럼 행복한 모습의 사진을 남기고 싶었다.

그것도 아이들이 점점 크면서부터 사진 찍기를 좋아하지 않게 되고, 아이들도 자신들의 초상권을 요구하면서 함부로 사진을 올리지 못하게 됐다. 아이들만 자란 것이 아니라 나도 중년이 되면서 소셜 미디어는 하는 것이 아닌 보는 것이 되었다. 나이가 든다는 것을 실감했다.

직장을 그만두면서 한동안 나만의 세상에 갇혀 있었다. 일을 하지 않으니 컴퓨터를 켜는 일도 적어졌다. 은행 업무를 보기 위해 켜는 정도일 뿐이었다. 핸드폰은 전화 걸기 외에 거의 사용을 하지 않았다. 문자나 카카오톡 사용 등 단순한 기능만 사용하면 되는 정도였다. 머리가 점점 굳어가는 느낌이 들었다. 어느 장소에서나 인터넷이 가능한 세상 속에서 나 혼자 다른 사람들의 소셜 미디어 속에 빠져 있었다. 누군지도 모르는 사람들의 멋진 사진들을 보다 보면 시간 가는 줄 몰랐다. 여행을 많이 다니는 사람들을 보면 그들의 여유로운 시간과 재력이 부러웠다. 옷을 잘 입는 사람들의 소셜 미디어를 보면 그들의 감각적 센스와 어떻게 돈을 벌었을지 궁금해졌다. 그렇지 못한 나는 초라해졌다.

나도 자유롭게 여행을 가고 싶다. 예쁘게 옷을 입고 분위기 있는 식당에서 맛있는 음식을 먹고 싶다. 마음만 먹으면 할 수 있는데 그렇게 하지 못하고 있다. 다른 사람의 소셜 미디어만 보며 부러워하고 있다. 그건 누구의 탓이 아닌 나 자신의 문제인 것이다. 다른 사람의 행복을 부러워하지 말고 나도 시도해보는 것이 어떨까? 지금 내가 실행 가능한 것부터 적어보는 것도 좋을 것 같다.

수많은 소셜 미디어 속에서 정보를 얻을 수 있는 기회도 많이 있다. 그 기회는 간혹 부정적인 감정을 만드는 경우가 있다. 우연찮게 들어간 한 엄마의 SNS를 보게 됐다. 그 엄마는 7살 딸의 유창한 영어 발표 동영상을 올렸다. 학원도 안 다니고 영어 비디오를 보며 영어를 배웠다고 했다. 너무 부러웠다. 엄마로서 내 자녀에게 영어 노출을 많이 해주었는데 우리 아이들은 영어를 좋아하는 편은 아니었다. 갑자기 짜증이 났다. 짜증은 이유 없는 분노가 되고 내 마음처럼 행동하지 않는 아이들에게 화를 냈다. 엄마로서 해서는 안 되는 행동을 하고 있는 것이었다. 그것도 알지도 못하는 사람의 소셜 미디어를 보고 나 혼자 몸부림치고 있는 모습이라고 할 수 있다.

2022년 세상은 TV보다 소셜 미디어 세상이라고 해도 과언이 아니다. 가족이 한곳에 모여 TV를 보던 시대는 옛말이 되었다. 각자의 방에서 핸드폰으로 소셜 미디어를 시청하는 시대가 되었다. 엄마들도 시간이 날 때면 핸드폰을 이용해서 소셜 미디어에 쉽게 들어간다. 과거의 나는 다른 사람들의 소셜 미디어를 보면서 부러워만 했다. 나를 제외한 모든 사람들이 다 행복해 보였다.

최근 코로나가 점점 풀리면서 사람들이 해외여행을 가기 시작했다. 유명 연예인들은 SNS에 마스크를 쓰지 않은 채 해외 유명 도시에서 찍은 사진들을 올렸다. 인스타그램 친구들도 해외여행을 다녀온 사진들을 올려주었다. 예전 같았다면 상대적 박탈감으로 나 자신이 초라하게 느껴졌을 거다. 하지만 이제는 나도 갈 수 있을 거라는 생각을 하니 다른 사람의 SNS가 부러움의 대상이 아니다. 하나의 정보를 주는 도구가 되었다. 다른 사람의 경험들이 나에게 적절하게 필요한 정보로 제공되고 있다는 것을 깨닫게 되었다. 가끔은 무료한 시간을 해결해주는 수단으로도 사용되고 있다. 어떤 것이든 생각하기 나름이다. 생각의 유연성을 갖고 있다면 다른 사람들의 모습과 나를 분리해서 바라볼 수 있는 시각화가 생긴다.

24년 전 캐나다로 어학연수를 갔을 때 인생 처음으로 경험해보지 못했던 다양한 문화 경험을 했다. 돈으로 살 수 없고 일하면서 느낄 수 없는 것들이었다. 스물네 살의 나이에 부모의 품을 벗어나 나 혼자 모든 것을 결정하고 선택했다. 나의 선택에 책임을 지기 위해 했던 행동들이 나에겐 큰 자산이 되었다.

한 달 동안 사용할 수 있는 돈은 넉넉하지 않았다. 목표를 정하고, 돈을 모으기 위해 편의점에서 간단한 아르바이트를 했다. 교통비를 아끼기 위해 쌀 20kg를 들고 20분을 걸어 집으로 걸어갔다. 공부를 하며 만났던 수많은 외국 친구들의 서로 다른 생각들, 문화 차이에 대해 이야기하며 사고가 유연해졌다. 그 시기에 한 경험은 돈으로 살 수 없는 문화 자본이라고 생각한다. 결혼을 하면 내 자녀들에게는 많은 경험을 꼭 하게 하고 싶었다. 부모가 준 돈으로 넉넉하게 생활하며 느끼는 외국 생활의 경험이 아니었다. 내가 스스로 계획한 여행, 다른 세상에서 살기 위한 자립이었다. 우리 자녀들이 부모의 품에서 벗어나서 다른 세상 속에 들어가 다양한 사람들을 만나 다른 문화를 경험하기를 바랐다.

세상은 넓고 너무 다양한 삶이 많다는 것을 일깨워주고 싶다는 생각을 했다. 그런데 아이들이 점점 고학년이 되니 현실에 부딪히게 되는 건 어쩔 수 없는 현실이다. 대학을 잘 갔으면 좋겠고, 소셜 미디어에서 성공한 남자들을 보면 내 아들도 저랬으면 좋겠다는 바람이 또 들게 되는 건 어쩔 수 없는 엄마의 마음인 거 같다. 행복을 바라는 엄마의 마음으로 아들들을 바라볼 때는 많은 경험을 통해 본인이 하고 싶은 일을 하면서 영향력 있는 사람으로 성장하기를 바랐다. 하지만 소셜 미디어 속에 갇히면 수능 만점을 받고 유명 프로그램에 출연하는 아들들의 사진을 소셜 미디어에 올려보는 꿈을 꾸는 것이었다. 현실은 그렇지 않은 내 아들들을 바라보며 짜증을 부리고 화를 내고 있는 엄마의 모습만 아이들에게 보일 뿐이다. 우리는 좁은 곳에서 서로를 비교하며 경쟁하고 남을 부러워하며 자신과 가족을 병들게 만들고 있을지 모른다. 나보다 나은 다른 사람들의 모습이 부러운 것은 어쩔 수 없는 현상이다. 하지만 그 마음을 나와 가족들에게 부정적인 감정으로 전달하면 안 된다. 내가 먼저 SNS 세상에서 빠져나와야 한다. 최근에는 자녀뿐만 아니라 엄마들도 핸드폰에 중독이 되는 세상이 되었다. 무료한 시간을 어떻게 보내야 할지 어른들조차 모르는 경우가 많이 발생하는 것이다. 자신에게 집중된 사람은 균형을 이루며 살아가는 힘을 가지고 있다고 생각한다. SNS에 나의 모든 시간과 에너지를 소비하는 것이 아니라 SNS를 통해 정보를 얻고 이용할 수 있는 능력을 키우는 엄마가 되길 바란다. SNS를 통해 누군가는 행복을 얻고 누군가는 행복을 빼앗기고 있을지도 모른다. 현명한 엄마라면 행복에 대한 기준이 명확한지, 자신과 사회적으로 바라보는 균형에 잘 생각해봤으면 좋겠다.

7

끌고 다니는 엄마 VS 끌려다니는 엄마

교육 기관에는 각 반마다 파워가 강한 엄마들이 있다. 이 파워는 교육 정보의 파워를 의미한다. 교육열이 높고 다양한 교육에 대한 수집력이 높으니 당연히 또래 엄마들 사이에서 두터운 신뢰를 얻는 것이 당연하다. 우리는 파워가 강한 엄마를 흔히 '돼지맘'이라고 부른다. 하지만 난 이 단어를 별로 좋아하지 않는다. 내가 청담동에서 일할 때부터 그 단어가 있었으니 벌써 20년이 넘었다. 세상은 변했으니 정보를 많이 아는 것도 능력이고 돼지맘보다 리더맘이라고 말하고 싶다.

놀이학교나 영어 유치원에서 일하는 교육자나 운영자는 리더맘들에게 예민하게 반응했다. 그건 지금도 마찬가지이다. 인터넷이 발달하고 정보가 홍수처럼 넘쳐나도 액기스다운 정보들은 리더맘들에게 벌써 선별되어 들어가 있다. 그래서 각 학원 원장님들은 리더맘들에게 친절하게 학원을 홍보하려는 노력을 보이기도 한다. 원장님이 엄마들에게 설명을 하는 것보다 리더맘이 엄마들에게 설명하는 것이 더 신뢰를 주는 마케팅의 방법일 수 있기 때문이다.

하지만 이런 마케팅 방식을 이용하는 분들도 있다. 내가 내 자녀에 대한 주관이 없다면 내 아이는 리더맘 아이가 다니는 학원에 여기저기 끌려다니는 꼴이 될 수도 있다는 것이다. 혹은 거절하지 못하는 성격에 리더맘이 하자는 대로 끌려다니는 엄마라면, 현명하게 거절하는 법도 배워야 한다는 것을 알아야 한다.

사회는 혼자서 살 수가 없다는 것을 안다. 어린아이들도 어린이집을 다니면서부터 사회 구성원으로서 자신의 역할에 대해 배우기 시작한다. 어린이들을 대상으로 하는 교육 사업들의 홍보 문구를 보면 '글로벌 리더'라는 단어를 많이 볼 수 있다. 엄마들은 우리 아이가 리더가 되기를 원한다. 리더가 무엇일까? 대부분 앞에서 이끌어 가는 사람을 리더라고 생각할 것이다. 그래서 우리 아이가 학급 회장 선거에서 선출되기를 원하고, 학교 회장을 하길 원한다. 하지만 잘못된 리더십 인식은 그 단체를 단번에 무너트리기 쉽다.

둘째 아들이 3학년이 되었다. 초등학교 내내 학급 회장을 해왔던 형을 본 둘째는 학급 회장 선거에 나갔다. 둘째 아이도 큰아이처럼 활발하고 유머러스한 성격을 가지고 있었다. 그러나 예민한 성격 탓에 남을 배려하는 부분에 약간 부족한 면이 있었다. 둘째로 태어나 형한테 이기고 싶은 마음으로 경쟁 의식이 많은 부분도 있었다.

둘째 아들은 친구들과 게임을 할 때 승부욕이 과한 경향도 있었다. 갑자기 회장 선거 전날 아들이 선거에 나간다는 말을 했을 때, 걱정스러운 마음이 들었다. 아들에게 물어보았다. "왜 학급 회장이 되고 싶어?" 아들은 "친구들의 대장이 되고 싶어."라고 했다. 아들은 그저 대장이 되고 싶었다. 별다른 이야기를 하지 않았다. 아들의 마음만 알아주었다. 다음 날 회장 선거 결과를 알게 되었다. 결과는 단 2표였다. 본인 1표, 친구 1표. 아들은 너무 창피하다고 했다. 그때 나는 이야기했다. "학급 회장은 리더인데, 리더는 꼭 앞에서만 있는 것이 아니야. 이번에 선출된 학급 회장을 잘 도와주는 사람도 중간 리더가 되는 거야. 이번 한 학기 동안 네가 그 중간 리더 역할을 잘 해봐. 그리고 2학기 때 또 나가보자." 그 결과 둘째 아들은 2학기 때 학급 부회장이 되었고, 4학년 때는 학급 회장이 되었다. 우리 집에서는 학급 회장이 되었다는 것도 축하할 일이었지만 포기하지 않고 계속 도전한다는 것에 더 큰 축하를 해주었다.

리더란 다른 사람을 끌고 다니는 것이 아니다. 리더가 아닌 사람은 리더를 따라다닐 필요가 없다. 리더맘이 한 단체에서 공동의 목적을 이루기 위한 대표라면 다른 엄마들은 그 단체의 목적을 위해 다 같은 마음으로 행동을 해야 한다. 단지 교육 정보를 많이 알고 있는 리더맘을 나의 교육관과 가치관 없이 따라만 다닌다면 의미 없는 시간이 될 수도 있다. 그 시간이 뜻깊은 시간이 될 수 있도록 정보에 대해 공부하는 습관을 갖는 것이 현명하다.

날씨가 좋아지면 엄마들도 아이들처럼 엉덩이가 들썩거린다. 친한 엄마들은 끼리끼리 어디 놀러가자고 연락을 주고받는다. 나와 친한 엄마들은 은근히 나한테 기대하는 경우도 있다. 직설적으로 좋은 곳에 데리고 가달라고 이야기하는 엄마들도 있다. 물론 내가 교육 기관에서 오래 일을 한 경험 때문에 엄마들은 내가 더 많이 알 거라는 생각을 하는 경우도 있다. 에너지 넘치는 두 아들을 집에서 독박 육아를 하는 것보다 다양하게 야외로 많이 데리고 나간 것도 사실이었다.

아들 친구들과 함께 갈 장소를 찾기 위해 인터넷 서치를 엄청 했다. 다녀온 사람들의 댓글을 보며 장단점을 찾고 계획을 짰다. 아이들이 할 수 있는 활동들을 정리하고 엄마들의 준비물을 정리했다.

기획하는 일이 직업이었기 때문에 어려움은 없었지만 내 시간을 많이 할애해야 했다. 당연히 다른 엄마들에게 계획표를 주고, 사전에 엄마들끼리 이야기를 나눴다. 아이들은 서로 싸울 틈 없이 놀이 내용을 바꿔가면서 자유놀이와 계획된 프로그램들로 잘 놀았다. TV에서 흔히 보이는 엄마들이 아이들을 데리고 놀러 가서 수다만 떠는 것은 없었다. 무조건 안전에 중점을 두기 때문이다. 나의 직업병이기도 했다. 함께 여행을 다녀온 이후로 엄마들이 나에게 요구 아닌 요구를 했다.

처음에는 기쁜 마음으로 했지만 계속된 요청은 나에게 부담으로 다가왔고 일로 다가왔다. 그 이후로 나는 엄마들과 함께 놀러가는 일이 생기면 각자 할 일을 분담했다. 각자의 시간에 대한 존중이 필요한 부분이었다. 내가 많이 알아서, 잘해서 할 수 있는 일이라도 그만큼 시간이 많이 소요되는 것을 다른 사람들도 알아야 했기 때문이다. 다른 사람이 나보다 더 많은 정보를 얻기 위해 얼마나 많은 시간을 그 일에 집중했는지를 알아야 했다.

모임에 나가면 우울한 표정을 하는 엄마가 있었다. 그 엄마는 나를 보면 항상 이야기를 했다. "새로 생긴 좋은 카페 있으면 데리고 가줘.", "애들 데리고 갈 만한 곳 있으면 알려줘." 그럴 때마다 나도 잘 모른다고 이야기하지만 그 엄마의 결론은 "난 잘 몰라서.", "난 운전을 잘 못해."였다. 모임을 할 때면 "불러주니깐 이렇게 만나지. 안 불러주면 평생 못 만나겠어." 했다. 속으로 그 엄마를 볼 때마다 '왜 그럴까?' 생각했다. 우울증이 있을지도 모른다고 생각을 했다.

그런데 몇 번을 만나면서 알게 됐다. 그 엄마의 말버릇이었다. 그리고 한 번도 먼저 누군가에게 연락을 한 적이 없는 엄마였던 것이었다. 연락을 했다가 거절을 당할까 봐 겁이 난다고 했다. 그래서 누가 자기를 부르면 나가고 약속을 취소한 적도 없다고 했다. 자신이 주도하는 것보다 그저 따라가는 것이 마음이 편하다고 했다.

그래서 궁금했다. "친한 사람이 오랫동안 연락을 안 하면 어떻게 해요?" 했더니, 궁금하기는 하나 아주 오랜 시간 생각하다가 어렵게 연락을 한다고 했다. 나는 이 엄마 얘기를 들으며 나랑은 참 다르다는 것을 알았다. 하지만 그 엄마의 성격을 인정해야 한다. 나와 다른 가치관을 가졌다고 쉽게 "주관을 가지고 사세요."라고 조언하듯 말할 수 없다. 왜냐하면 그렇게 오랜 세월을 살았고, 그런 자신이 편하고 스스로 불편하게 생각하지 않기 때문이다. 나는 그 엄마 주변에 좋은 사람이 많이 있으면 좋겠다는 생각만 할 뿐이었다. 세상에서 내가 리더이건 리더가 아니건 그것은 중요하지 않다. 단지 나라는 존재가 나답게 사는 게 중요한 것이 아닐까라는 생각을 한다.

현명한 엄마는 행복 분별력을 가진 사람이다

사람들은 나를 선생님, 원장님, 대표님이라고 불렀다. 공교육이 아닌 사교육 기관에서 하는 일은 교육을 서비스하는 일이다. 학생과 학부모에게 고객으로서 예의를 갖추고 대한다. 20년 넘게 사교육 사업에서 일을 하면서 다양한 성격을 가진 사람들을 많이 만나왔다. 오랜 경험 속에서 알게 된 것은 사람에게 관계는 굉장히 중요하다는 것이었다. 그 관계를 원만하게 유지할 수 있는 것은 개인이 지켜야 하는 예의이다. 이것을 분별할 수 있는 분별력을 가진 사람이 현명하다는 것이었다.

두 아들에게 사람 보는 눈을 길러야 한다고 항상 이야기했다. 친구들끼리 문제가 생기면 여러 가지 방향으로 생각할 수 있도록 제시했다. 그래서인지 두 아들 모두 제법 리더십을 가지고 있다. 학교에서 선생님들도 인정해주고 엄마인 나도 아들들이 부족해 보일 때도 있지만 어떤 세상에 내놔도 걱정 없겠다는 생각을 한다.

자신이 지켜야 할 예의는 충분히 알고 있다는 의미이다. 예의를 지킬 수 있는 사람은 행복해질 수 있는 조건을 갖췄다고 생각한다. 왜냐하면 모든 사람이 나를 무시하지 않고 가치 있게 상대해주기 때문이다. 가치 있는 상대로 존중 받아온 아이들은 다른 사람들에게도 똑같이 행동할 것이다. 그렇다면 부모의 행동이 굉장히 중요하다는 결론이 나온다. 나 또한 이 글을 쓰면서도 또 다시 명심하게 된다. 아무리 돈이 많다고 배울 수 있는 게 아니라고 생각한다.

결혼을 한 이후부터 선택을 위한 시간이 매 순간 올 때마다 깊은 고민에 빠진다. 결혼 전에는 오롯이 나만을 위한 선택이었고 그 결과도 나 혼자 짊어지면 되는 것이었다. 하지만 지금은 모든 선택이 우리 가족에게 연결되고 있다.

큰아이의 중학교 진학 문제가 지나고 나니 고등학교 진학 문제가 다시 왔다. 예체능에 재능을 보여 미리 선택을 할 수 있다면 좋으련만. 그저 평범한 아이였던 아들은 자신이 가야 할 고등학교를 결정하지 못했다. 본인이 원한다고 갈 수 있는 현실도 아니었다. 주변 선배 엄마들의 많은 정보들을 듣고 갈팡질팡했다. 수많은 입시 정보에 우리 아들에게 유리한 것이 무엇일지 고민하기도 했다. 모든 결정이 아이를 위해서 한다고 하지만 이런 생각이 엄마인 나를 위한 것인지 아이를 위한 것인지 아무도 알 수 없다. 끊임없이 갈등하는 이유는 자녀들이 혹시라도 잘못될까 하는 두려움 때문일지도 모른다. 어떠한 선택이든 그것은 분명 우리 아들을 위한 결정이었다. 아들은 고등학교 입학 후 3, 4월 동안 적응하며 내내 힘들어했다. 가끔은 자녀가 힘들어하는 모습을 보며 또 다른 선택을 생각할 수 있다. 하지만 힘든 상황을 함께 견뎌주는 것도 시도해보라고 말해주고 싶다.

아들은 아침마다 학교를 가기 위해 40~50분씩 버스를 타고 가야 했다. 내가 차로 데려다 주면 20분으로 갈 수 있는 거리였다. 아들은 학교가 너무 멀다고 전학을 가고 싶다고 매일 아침마다 이야기했다. 나는 아들에게 전학을 선택하느니 매일 아침 데려다주겠다고 했다. 이 말을 들은 주변 사람들은 한마디씩 했다. 아들이 의존성이 높아진다며 성인이 되어서도 의존적으로 살면 어떻게 할 거냐고 한마디씩 했다. 나는 안다. 우리 아들은 자기주도성이 굉장히 강한 아이라는 것을 말이다. 아침마다 아들과 내가 조금 덜 피곤한 상황을 선택했다. 나는 운전하는 것을 어려워하지 않는 사람이기 때문이다. 수많은 정보와 주변의 말들로 인해 나의 선택이 흐려지지 않았으면 한다. 나와 나의 가족이 행복한지에 집중하면 그만이다. 그러기 위해서는 엄마 자신이 행복 분별력이 있어야 하지 않을까?

큰아이는 학교에서 대부분의 아이들과 친했다. 초등학교 3학년 때 일이다. 나는 항상 아이에게 친구들과 지낼 때는 의리 있게 행동하라고 얘기했다. 의리는 친구가 아프면 옆에서 도와주고 친구가 청소 당번일 때는 기다려주기도 하는 것이라고 했다.

큰아이 친구 중에 엄마도 아이도 의리라고는 찾아볼 수 없는 모자가 있었다. 놀이터에서 같이 놀고 있으면 간식도 자기 아이에게만 줬다. 그 아이는 자기 필요에 따라 친구 쇼핑을 하는 아이처럼 보였다. 그래서 예를 들 때마다 그 아이를 얘기하며 우리 아이는 그렇게 행동하지 않기를 바랐다.

그러던 어느 날 학원에서 전화가 왔다. A라는 친구가 있는데 우리 아이랑 같은 학교를 다닌다고 했다. 나도 알고 있는 친구였다. 선생님은 "A라는 친구가 다른 친구를 괴롭히는 일이 간혹 생겨요. 그 잘못이 옆에 있던 ○○이가 한 것처럼 되는 경우가 있어요. 본인이 하지 않은 일은 정확하게 말하라고 해주세요. 그리고 친하지 않다면 굳이 학원에 오갈 때 같이 다니지 않게 해주세요."라고 이야기해주셨다.

감사하면서도 내가 너무 아들에게 배려와 친절만 가르쳤구나 하는 생각을 했다. 우선 무엇이 옳고 그른지를 배우고, 자신의 원칙이 세워지도록 가르쳤어야 했구나 하는 생각을 했다. 가치관이 성장하지 못한 어린 아이일수록 엄마의 역할이 얼마나 중요한지 새삼 느낄 수 있었다.

아이들은 성장하면서 사춘기에 접어들었고, 주변에서는 이 시기를 현명하게 지나가야 엄마와 아들의 관계가 좋다고 했다. 다 지나가는 시간이라며 아들에 대한 신경을 잠시 접어두라고 조언했다. 이론은 잘 알고 있다. 그런데 엄마도 행복하고 아들도 행복하기 위해 서로에게 무관심한 태도를 취하라는 것인가? 큰아이의 사춘기 시절은 코로나로 인해 아들도 나도 처음 겪는 세상이 됐다. 학교도 처음 겪는 일이기 때문에 온라인 수업은 제대로 이루어지지 않았고, 일상생활은 뒤죽박죽이 되었다. 북한도 무서워한다는 중2 남자아이와 에너지가 넘치는 초등 4학년 아들은 하루 종일 집에서 같이 있어야 했다. 매일 반복되는 아침, 아들들은 늦잠을 잤다. 모든 수업은 온라인 수업으로 진행됐다. 컴퓨터에는 학교에서 송출되고 있는 동영상이 틀어져 있었다. 교육 시스템은 부모들이 만족할 만큼 진행되지 않았다. 모든 것들이 처음 겪는 일이고 미리 준비되지 않았다. 고스란히 아이들이 방치되고 있었다.

이 모습을 보면 화가 날 수밖에 없었다. 코로나는 길어지고 아이와 나는 갈등의 골이 깊어졌다. 아이의 모습은 내 눈에 거슬렸다. 아침에 일어나서 생활복으로 옷을 갈아입지 않고 부스스한 모습으로 지냈다. 외출을 하지 않더라도 아침에 일어나면 단정한 모습으로 생활하길 원했다. 잠옷을 하루 종일 입고 있는 모습을 보면 내 속은 열불이 났다. 매일 아들의 일상이 되었다. 그럼 나는 아침마다 학교에 가지 않더라도 옷을 갈아입으라고 소리를 질렀다. 아들의 사춘기를 경험한 선배 엄마들은 아무 말을 하지 말라고 한다. 아들과 말싸움을 하는 순간 의미 없는 논쟁으로 자존심만 엄청 상할 뿐이라고 했다. 그렇다. 나만의 프레임에 아이를 넣었다. 나는 아들이 내가 정한 기준에서 벗어나기라도 하면 온갖 협박과 욕을 소나기처럼 쏟아부었다.

엄마인 내가 먼저 고정된 프레임에서 나와야 한다는 것을 깨달았다. 이대로 의미 없는 전쟁 같은 시간을 지속하다가는 가정이 해체되겠다는 것을 느낌으로 알 수 있었다. 아이를 걱정한다는 생각은 아이가 이대로 인생에서 낙오자가 될까 하는 나만의 두려움일지 모른다. 우리는 언제나 행복을 얻기 위해 일어나지도 않는 두려움과 맞서야 하는 경우가 많이 있다. 두려움은 나와 주변에 있는 사람들에게 부정적인 환경을 제공할 수 있다. 많은 경험을 통해 두려움 대신 자기 확신으로 행복을 선택할 수 있길 바란다.

3장

마인드부터 독립해야 엄마가 행복해진다

1

수식어가 필요 없는 단어 '엄마', 그 자체가 가치다

텔레비전에서 '엄마'라는 단어만 나오면 남자, 여자 상관없이 이야기를 들으며 눈물을 흘린다. 이야기를 하는 당사자도 왜 엄마 이야기를 하면 눈물이 나오는지 모르겠다고 한다. 덩달아 TV를 보는 나까지 감정이입을 하며 눈물을 하염없이 흘리는 경우가 많다. 왜 우리는 '엄마'라는 단어만 나오면 그렇게 눈물 콧물부터 나오는 걸까?

친정 엄마는 너무 건강했다. 엄마가 산부인과를 다녀온 후, 간단한 갱년기 증상이라며 호르몬 약을 먹는다고 했다. 평상시에 엄마는 아프다고 병원을 다녀본 적도 없었다. 워낙 운동도 좋아하셨기 때문에 크게 걱정하지 않았다. 약을 먹은 지 꽤 시간이 지나도 증상이 호전되지 않자 병원에서는 다시 검사를 하자고 했다. 의사는 자궁암 초기라고 했다. 수술만 하면 된다고 했다. 의사가 하는 말에 가족들은 의심조차 하지 않았다. 수술을 하고 시간이 지나면 원래 건강한 엄마로 돌아가고 우리의 일상을 찾을 줄 알았다.

수술실로 들어가는 엄마한테 "엄마, 잘 갔다 와." 인사를 했다. 그때는 잠깐 헤어지고 다시 아무 일 없었던 것처럼 만나는 줄 알았다. 수술이 끝나고, 의사와 아빠는 어두운 표정으로 이야기를 하고 계셨다. 엄마의 상태는 암이 너무 많이 전이가 된 상황이어서 수술을 할 수 없는 상태라고 했다. 그때 그 의사를 생각하면 무책임한 말투와 태도가 지금도 나를 화나게 한다.

결국 엄마는 그 의사가 처방한 호르몬 약을 오랜 기간 먹고 암 치료를 위한 수술은 하지도 못한 채 병원을 바꾸기로 했다. 6년 가까운 시간 동안 항암 치료를 받았다. 엄마는 돌아가셨다. 돌아가시기 전날, 엄마는 당신이 오늘 하늘나라에 가는 것을 알았던 것 같다. 말씀을 하실 수 없을 정도로 쇠약해진 엄마는 연필과 종이를 달라고 하셨다. "오늘 나 죽어. 장례식장에 찬송가를 계속 틀어봐."라고 적었다. 연이어 자녀들에게 하고 싶은 말을 적으셨다. 힘이 없어 끝까지 쓰지는 못했으나, 엄마가 무슨 말을 하려고 했는지 그 마음을 알 수 있었다. 그날 새벽에 엄마는 돌아가셨다.

엄마가 돌아가시고 1년이 지난 후, 이 세상에 나 혼자라는 생각을 했다. 아빠와 언니들이 있지만 세상에서 나와 가장 많이 교감했던 사람이 엄마라는 것을 알았다. 그들은 가족이라는 울타리 안에 엮여 있는 존재일 뿐으로 느껴졌다. 엄마에게 의존적이었던 아빠는 그 대상을 나로 바꿨고, 자신들의 인생을 바쁘게 살던 언니들은 변함없이 자신들의 울타리를 지키느라 여념이 없었다.

엄마가 돌아가시고 난 후, 제3자의 입장으로 엄마의 인생을 보니 안쓰러웠다. 지금 나의 감정이 고스란히 엄마가 느끼는 감정이지 않았을까 하는 생각이 들었다. 엄마는 퇴직한 가장이 가정에서 잘 적응할 수 있도록 버팀목이 되어 주셨다. 장성한 자녀들이 자신들의 가족을 잘 건사할 수 있도록 바라봐주고 있었던 모습이 우리 엄마였다. 그런 엄마가 돌아가시고 지금 내 옆에 없다. 엄마라는 그 자체, 존재하는 것 자체가 나에게는 큰 힘이자 위로였던 것을 깨달았다.

어느덧 내가 엄마가 되었다. 나는 우리 자녀에게 어떤 엄마일까? 내가 그렇듯 우리 자녀들도 우리 엄마는 아프지 않고 엄청 강하다고 생각할 것 같다. 사실 강한 부분이 있기도 하다. 아들 키우는 엄마들은 거의 깡

패가 된다고 하는데 나도 점점 거칠어지고 있다는 걸 느끼고 있다. 하지만 거칠어지고 싶지 않다. 과거엔 나도 욕도 못 하는 여리여리한 소녀였다. 고상하고 부드럽게 대화하며 관계를 이어나가고 싶을 때가 많다. 현실은 그렇지 않을 때가 더 많지만.

가끔은 "엄마가 언제나 너희 옆에 있을 거 같니? 엄마도 이제 갱년기야. 엄마가 힘들어서 나가면 너 그때 후회한다."라는 말로 협박 아닌 협박을 한다. 아들은 콧등으로도 듣지 않는다. 엄마의 영원한 부재가 얼마나 힘들고 무서운지 알지 못하기 때문일 것이다. 난 이미 경험을 했지만 내 아들은 경험을 못 했으니 아무리 말을 해봐야 그 말이 먹히지 않을 거라는 것을 알면서도, 왜 하고 있는 것일까? 엄마의 존재 자체가 얼마나 소중한지 일깨워주고 싶은 것이다. 그 존재가 얼마나 소중한지 말이다.

나의 지인 지영이는 아빠가 일찍 돌아가시고, 엄마가 지영이 언니와 지영이를 키웠다. 엄마도 나름 작은 사업을 하고 계셔서 아이들을 키우기에 경제적으로 부족하진 않았다. 아빠가 남긴 유산과 보험금도 꽤 되었다.

친척 중 한 분은 유산과 보험금을 받았다는 이야기를 듣고, 지영이 엄마에게 투자를 종용했다. 지영이 엄마는 자녀들 이름으로 보증을 서게 하면서까지 투자를 했다. 불안감은 적중했다. 투자는 물 건너가고 결국엔 모든 빚은 두 자녀가 떠안게 되었다.

　하루는 지영이가 은행에 간다고 했다. 자신은 신용불량자이고, 빚을 갚을 능력이 안 돼서 빚의 금액을 조정하기 위해 기관에 가야 한다고 했다. 그런 모습을 수년간 보았다. 지영이는 빚과 관련된 모든 일을 겪으면서도 엄마까지 케어를 해야 했다. 지영이 엄마는 연로해지시면서 더 고집스러워지셨다. 자신의 잘못으로 자식들이 힘들게 산다는 것에 대한 죄책감은 전혀 찾아 볼 수가 없었다.

　하루는 힘들어하는 지영이와 만났다. 지영이는 "자식이 속 썩이는 것보다 엄마가 속 썩이는 것이 더 미칠 것 같아."라고 말하며 흐느꼈다. 그날 이후, 내가 직장을 그만두면서 연락이 끊겼다. 그때 감사함을 느꼈다. 가족을 힘들게 하는 엄마가 나의 엄마가 아니라는 것이 감사했다. 이런 마음을 갖는 것이 지영이에게 미안하지만 사실 진심이었다.

　우리는 태어나면서 부모를 선택할 수는 없다. 부잣집 자녀로 태어났으면 얼마나 좋았을까 하는 생각을 한 적도 있다. 부모가 집도 마련해주고, 유학도 보내주는 이런 집에 태어난 애들을 보면서 부러워한 적도 있었다. 그런데 지영이의 경우를 보면서 평범하게 열심히 살 수 있게 해준 우리 부모님께 감사하면서 살아야겠구나 하는 생각을 하게 된 것도 사실이다.

부모를 선택할 수 없이 태어난 자녀들에게 내가 어떤 존재로 남을 것이냐가 참 중요하다는 생각을 갖게 된다. 나는 내 자녀에게 어떤 엄마일까? 집이라는 같은 공간에서 함께 생활하고 가끔 함께 여행 간다고 좋은 엄마일까? 모든 것을 내 자녀에게 희생적으로 헌신하는 엄마의 모습이 좋은 엄마일까? 이런 모습이 좋은 엄마의 기준 조건이라면 나는 최하점을 받을 것이다.

엄마 자체가 가치 있는 존재로 남기 위해서 엄마가 노력해야 할 부분은 참 많다. 가치 있는 존재는 돈으로 환산할 수 있는 것이 아니다. 아이들에게 물려 줄 수 있는 유산이란 내가 부재했을 때, 내 자녀들의 정신에 남아 있는 것이 유산이라고 생각한다.

엄마 자체가 아이에게 가치 있는 존재로 느껴지게 해야 한다. 그러기 위해서는 나 자신만의 기준이 있어야 한다. 현명한 기준으로 키운 아이들에게 나의 존재 자체가 '가치' 있는 사람이 되지 않을까?

2

경력단절에 대한 자격지심을 버려라

결혼하기 전 나의 꿈은 커리어 우먼이었다. 나만의 비즈니스를 꿈꾸며 회사 대표가 되는 것이었다. 결혼 후, 아이들을 키우다 보니 그런 꿈을 생각할 여유조차 없다. 첫째 아이는 종일반을 너무 싫어했다. 하루라도 종일반에 맡겨지는 날에는 다음 날 유치원 보내기가 너무 힘들었다. 아침부터 울고불고 난리가 났었다. 매일 아침 유치원에 아이를 보내고 지하철에서 수없이 생각했다. 직장을 다니는 것이 맞는 건지 아닌지 말이다.

결국, 큰아이가 승리했다. 나는 정규직을 그만두고 프리랜서로서 프로그램을 기획하는 일을 했다. 독박 육아의 현실이었다. 아침마다 출근을 하지 않는 엄마가 생긴 아이는 유치원 등원이 즐거웠다. 나는 육아와 동시에 집에서 일을 하니 더 정신없는 날의 연속이었다. 첫째 아이가 유치원에 적응하면서 때마침 놀이학교 운영 제안이 들어왔다. 큰아이도 적응을 했고, 다시 일을 하고 싶었던 터라 괜찮은 제안이었다. 놀이학교는 오픈한 지 2년이 지났고, 원장의 부재로 점점 학생 수가 줄어들어 운영하는 데 어려움을 겪고 있었다. 첫 출발은 힘들 거라고 생각했다. 교사들 간의 마찰도 있고, 학부모들의 불만도 많았다. 6개월 동안 팀을 꾸려 프로그램과 운영 전반을 다시 세팅했다. 교육 기관도 어느 정도 안정화가 되어갔다. 그러던 중 신학기 교육 문의를 위해 한 엄마가 방문을 했다.

나는 오랜 기간 일을 하면서 눈치가 백단이 됐다. 상담하는 내내 기분이 이상했다. 상담 내내 엄마는 교육 프로그램이 아닌 나에게 무언가를 알아내기 위해 노력했다. 이상함을 감지한 나도 이야기를 하는 내내 탐정 놀이처럼 그 엄마의 정체를 밝히려고 했다.

상담 받던 엄마가 돌아간 후, 나는 바로 이사장에게 전화를 걸었다. "놀이학교를 팔려고 내놨나요?" 돌아오는 답변은 "네."였다. 그랬다. 이사장 입장을 이해하기 힘들지만, 나의 노력은 어처구니없는 일이 되어버렸다. 사람에게 배신 아닌 배신을 당했다. 순간 이미 벌어진 일, 나는 학생, 학부모들, 그리고 교사들까지 책임져야 하는 상황에 빠졌다. 다행히 문제 해결을 위해 내가 제시한 조건들이 회사 측에 잘 받아들여졌다. 학부모들이 더 당황한 상황이었지만 나를 더 위로해주었다. 학생들, 학부모들과 교사들 모두 큰 문제없이 원만하게 해결되었다. 물론 그 과정 속에서 다들 인간에 대한 상처를 얻었을 것이다. 그 일을 끝으로 교육 기관 일을 그만두게 되었다.

일을 그만두고 3개월 동안 큰아이를 유치원에 보내고 나서 하고 싶은 일들을 했다. 쇼핑도 가고, 친구들을 만나서 놀기도 했다. 딱 3개월이었다. 3개월이 지나고 나니 생활이 무료해지고, 점점 집에 있는 날들이 힘들어졌다. 친구들은 나보고 다시 일을 하라고 했다. 그렇다고 다시 오전부터 오후까지 정규직으로 일을 하는 것은 어려웠다.

누군가에게 나의 심리 상태를 말했다면, '어쩌라는 거야?' 하는 시큰둥한 반응을 보였을 거다. 그랬다. 나도 내 자신이 원하는 것이 무엇인지 몰랐다. 나 자신조차 지금 나의 심리 상태가 무엇인지 모르는데 아무 생각 없이 다시 일을 한다고 해서 해결될 문제는 아닌 것 같았다. 그때부터 무료한 시간을 달래려 아침에 카페에 가서 커피를 마셨다.

예전에 일했던 청담동 근처 카페에 앉아 사람들을 구경했다. 왜 이렇게 다들 예쁘고 멋진지…. 나 자신이 초라해졌다. 나는 다른 사람에게 내밀 명함도 없고, 하는 일이라고는 집안일뿐이었다. 내가 제일 못하는 것이 집안일인데 말이다. 참 아이러니하다. 내가 제일 못하는 일이 나의 주업무가 되었다.

시간이 지나 오후가 되면, 다시 아이 픽업을 위해 동네로 왔다. 혼자 시간을 보내다가 오후부터 다시 놀이터 죽순이가 되는 삶이 되어버렸다. 나도 사회에서 말하는 경력단절여성이 되었다. 경력이 단절되고, 육아를 하다가 아이들이 다 크면 나라는 존재는 없어진다는, 흔히 말하는 그렇고 그런 엄마의 삶을 살고 있는 것을 깨달았다.

일을 그만두고 나니 인터넷과 친밀한 관계가 되었다. 직장을 다닐 때 동료들과 이야기로 나눌 수 있었던 내용들을 인터넷을 통해 알게 되었다. 혼잣말로 기사의 내용을 나누는 독백의 시간이 많아졌다. 그러면서 알게 됐다. 나에게는 경력단절의 문제보다 사회관계 단절이 더 심각하다는 것을 말이다.

직장을 다니면 자료를 찾고 동료들과 회의를 하며 일의 성과를 내기 위한 수많은 작업을 했을 것이다. 그러면서 많은 생각과 주제에 대해 이야기를 했을 텐데 지금 나는 대화할 상대가 없는 것이다. 그래서 일하고 있는 남편에게 전화를 해서 "뭐해?"라고 물어봤다. '뭐해'라는 단어가 꼭 궁금해서 물어보는 것이 아니다. 그럼 남편은 "일하지. 심심하구나."라고 한다. 나도 안다. 당연히 일하고 있다는 것을. 전화하는 데는 아무 이유가 없다. 생사를 확인하는 것도 아닌데 이유 없는 행동을 하고 있다.

지금 나는 사회적 관계 단절로 인해 사회에서 고립되고 있다는 생각을 했다. 내가 다시 일을 시작하더라도 사회적 관계 형성을 위한 대화나 지식에서 도태될 수 있다는 불안감도 들었다. 그때부터였을까? 나 스스로 너무 부족해 보였고, 직장 생활을 하는 다른 친구들, 그리고 워킹맘으로 출근하는 아들 친구 엄마들을 부러워했다. 괜히 점점 내가 부족해지는 것 같은 생각으로 자존감마저 떨어지고 있었다. 시간이 지날수록 더 나아지는 것보다 다른 사람과 나를 비교하면서 부정적인 생각들만 더 들게 되었다. 나를 위해 이런 부정적인 생각을 끊어야 했다. 그러기 위해서 사회적 관계를 맺어야 한다는 생각을 했다. 나에게 그 부분이 중요하다는 것을 알았기 때문이다. 일을 그만둔다는 것은 단순히 나의 직업이 없어진다는 것이지 내 삶이 송두리째 단절된다는 것이 아니다. 언제나 내 삶은 유지되고 있다는 것을 기억해둬야 한다. 그 삶이 어떤 경험으로 또 다른 경력이 될지 모르니 현재를 멈추지 않아야 한다고 생각했다. 지금 나에게 가장 필요한 부분이 무엇인지 파악하고 시작하려고 했다. 그렇게 시작한 것이 자원봉사였다. 청소년들을 위한 글로벌 문화 프로그램을 기획하는 일이었다. 프로그램 기획은 꾸준히 해오던 일이기 때문에 나의 재능을 기부할 수 있는 뜻깊은 일이라고 생각해서 시작했다. 지금의 경력단절이 또 다른 나의 직업관을 바꿀 수 있는 기회가 될 수도 있다.

세희라는 친구가 있다. 세희는 프리랜서로 일하면서 만난 친구이다. 세희는 내가 부원장으로 있는 놀이학교에 자주 방문해서 이것저것 물어봤다. 세희는 대학 때도 자신의 진로로 인해 방황을 많이 했다고 했다.

졸업 후, 전공을 바꿔 다시 학교에 입학했다. 두 번째 학교를 졸업한 후 어린이집을 오픈했지만 쉽지 않은 운영에 일을 그만두었다. 그러면서 제대로 사회생활을 하지 못하는 자신에 대해 실망스러워지고, 남편은 점점 사회적으로 지위가 올라가는 것에 대해 자격지심이 생긴다고 했다. 남편과 자신을 비교하는 자신이 또 싫다고 이야기를 했다. 그럴 수도 있겠구나하는 생각을 했다.

나도 그랬던 것 같다. 남편과 아이를 위해 일을 그만두고 잘 하지 못하는 집안일과 육아를 했다. 남편은 늦게 시작한 공부로 남들보다 사회생활이 늦었다. 그러나 남편은 사회생활을 지속하니 당연히 사회적 지위가 올라갔다. 버티는 놈이 이기는 세상이 맞다는 생각을 했다. 나도 버틸 걸 그랬나…. 그렇지 않다. 그건 나의 선택이었고, 어느 누구도 그렇게 하라고 하지 않았다. 그 쉼으로 인해 나는 또 다른 선택을 하게 됐다. 그 선택으로 나의 재능을 계속 사용할 수 있었고, 외국인을 위한 한국어교원자격증 공부를 하게 되는 계기가 되었다. 나에게 경력단절은 또 다른 세계로 방향을 틀어 생각할 수 있는 기회가 됐다.

세희는 내가 놀이학교에서 일하는 모습을 보면서 본인도 할 만하다고 생각을 했다. 정작 자신이 해보니 세상 어려운 일이 아닐 수 없다고 했다. 나에게는 그 어려운 일이 힘이 들지 몰라도 남들이 생각하는 만큼 어렵지 않았다. 어찌 보면 재미가 있다. 그만큼 오랜 시간의 경험이 나를 유연하게 만든 것이다. 세희는 지금 종이접기 자격증을 따며 자신의 프로그램을 만들고 있다. 세희는 어렸을 때 눈에 들어오지도 않던 종이들을 지금은 어떻게 하면 좀 더 예쁘게 만들 수 있을까 하는 생각이 든다며 재미있다고 한다.

　누구에게나 잠시 멈춤이 있다. 이것을 누구는 단절이라고 표현하기도 한다. 하지만 나는 단절이라고 말하기보다 생각을 확장할 시간, 재충전의 시간이라고 말하고 싶다. 재충전의 시간 계획표를 어떻게 짜는지에 따라 정말 단절이 되는지 안 되는지 알 수 있을 것 같다.

3

나의 테두리 안에서 행복을 발견하는 법

내 나이 40 중반을 넘어 50을 바라보며 달려가고 있다. 요즘 같이 100세 시대에 내 나이는 어린 나이지만 사회적으로 많은 일들을 겪었다. 세월호 사건과 이태원 사건으로 한창 꿈을 키워가야 할 아이들이 한순간에 죽음을 맞이했다. 코로나라는 바이러스로 전 세계가 3년 동안 질병과 싸우느라 정체되어 가는 것처럼 느껴졌다. 경제는 롤러코스터처럼 우리의 심리를 긴장 속에서 살게 만들고 있다. 현실은 어디 하나 작은 행복함을 찾을 수 없는 것처럼 보인다. 환경이 모든 행복을 가져다주는 결정 요인이 된다면 과연 행복을 느낄 수 있는 사람이 몇이나 될 수 있을까?

중학교 친구들을 자주 만나지는 않지만, 동창 모임 친구 한 명이 약속을 잡으면 다들 얼굴을 보기 위해 약속 장소로 나갔다. 40대 중반이니 한창 아이들 키우는 전업맘도 있고, 워킹맘도 있다. 우리는 모일 때마다 갑자기 모임에서 빠진 소라라는 친구 얘기를 항상 한다. 소라는 우리들 중에 소위 돈을 잘 버는 친구였다. 어린 나이에 사업을 시작해서인지 돈 씀씀이도 컸다. 모임 때마다 본인이 결재를 하려고 했고 그럴 때마다 나랑 의견이 맞지 않았다.

그러던 중 소라의 사업이 잘 안 되는 시기가 찾아왔다. 친구들에게 새로운 사업을 하려고 하니 동업을 제안하며 공동 명의를 제안했다. 친구들 중 아무도 그 제안을 수락하지 않았다. 자신이 어려울 때 친구들이 도와주지 않는다고 생각한 소라는 결국 친구들과 연락을 끊어버렸다. 돈을 잘 벌 때 행복하게 웃으며 친구들에게 장난치던 소라의 모습을 잊을 수가 없다. 소라와 많은 이야기를 하지 못했다. 왜 모임에 나오지 않는지 나는 다 이해하지 못한다. 하지만 갑작스럽게 소식을 끊은 소라에게는 돈이라는 환경이 행복을 가져다준 것처럼 생각됐다. 친구를 만남으로써 행복했던 것이 아니었던 것이다. 친구의 그런 모습이 안타까웠다. 행복하게 수다를 떨며 만났던 소라가 친구를 잃는 모습에 씁쓸함이 남았다.

나는 평범한 집안에서 태어났다. 군인 월급으로 딸 넷을 교육시키고 결혼까지 시키셨으니 평범한 것보다 대단한 것 같다. 남들이 다 하는 부동산으로 부를 이루지도 못한 부모님은 저축으로 자식들을 키우셨다. 그렇게 평범하게 자란 나는 성인이 되면서 주변에 부를 이룬 사람들을 많이 만나게 되었다. 그런 사람들과 친해지려고 노력한 것은 아니었지만 일을 하면서 만난 부자들이 많았다. 사람들은 뱁새가 황새 따라가다 가랑이 찢어진다고 말하며, 아예 황새 옆에 못 가게 하는 경우가 많다. 그건 생각 없는 뱁새일 때 하는 말이다.

나는 부자들을 만나고 이야기를 나누면서 그들의 생활 방식과 문화를 보고 많은 것을 깨달았다. 가끔 사람들은 육아에 지친 나에게 "돈이 많으면 뭐 하고 싶어요?"라고 물어본다. 그러면 나는 "궁궐 같은 집에 아줌마를 두고 공주처럼 살고 싶어요."라고 이야기를 했다. 돈이 많으면 다들 그렇게 사는 줄 알았다. 물론 내가 만난 부자들 집에 가사도우미와 기사들이 있는 분들도 있었고 그렇지 않은 분들도 있었다.

하지만 그들은 요리사 못지않게 요리를 잘하고, 아이들과 자신들의 시간 관리와 돈 관리를 철저하게 한다. 내가 그렇게 살아보지 않았기 때문에 부자들은 그렇게 살 거라고 단정 짓고 생각하는 것뿐이었다.

자수성가한 남자분은 본인이 목표한 것은 꼭 하는 성격이라고 했다. 어느 유명한 식당 음식을 먹고 싶다는 목표를 세웠다면 그것 또한 무슨 일이 있어도 먹었다고 한다. 몇몇 부자들의 이야기를 들으면서 만약 내가 생각 없는 뱁새였다면 그런 부자들을 보고 내 인생을 한탄만 했을 것이다. 저런 부모 밑에서 태어나지 못한 나 자신을 너무 불쌍하게 생각했을 것이다. 내 부모를 원망만 했을 것이다. 내 나이 30대에 부자들의 삶에 대해 몸소 알게 된 것에 감사했다.

내가 속해 있는 나의 환경을 둘러보자. 남편은 40대까지 일과 공부를 병행하고 있었다. 아이들에게 넉넉하게 이것저것 시키기에는 여유롭지 않았다. 금전적으로 여유롭지 못한 환경이라고 아이들에게 갇힌 환경 속에서 살게 하고 싶지 않았다. 엄마로서 아이들을 위한 계획을 세웠다. 다양한 경험을 할 수 있는 기회를 주고 싶었다. 돈이 필요하다면 미리 계획해서 그 일을 실행했다.

아이들의 경험을 위해, 여행 통장과 큰아이 생일 파티 통장을 만들었다. 여행 통장은 매달 월급에서 따로 일정 금액을 모았다. 큰아이 생일 파티를 위한 금액은 큰아이가 5세가 되었을 때부터 3년을 모았다. 큰아이 유치원은 한 달에 한 번씩 저축의 날 행사가 있었다. 그날은 아이들이 한 달 동안 모은 돈을 은행에 직접 가서 저금을 하는 날이다. 우리는 3년 동안의 계획을 세우기로 했다. 큰아이에게 3년 동안 모은 돈으로 큰 생일 파티를 하자고 했다. 큰아이는 마술사와 친구들을 초대해서 생일 파티를 하고 싶다고 했다.

매달 큰아이는 집 안에 있는 동전들을 모아서 은행에 갔다. 3년 뒤, 자신의 생일 한 달 전 은행에 갔다. 생일 파티를 위해 모은 돈이기 때문에 얼마든지 해지를 해도 상관이 없었다. 나는 그 돈으로 아들의 생일 파티 준비를 시작했다. 쓸 돈이 있으니 계획을 짜는 데 부담도 없었다. 누구는 어린아이 생일 파티에 마술사까지 부르는 것이 과하다고 할지도 모른다. 물론 나도 갑자기 생일 파티를 위해 큰 금액을 준비해야 한다면 부담스러웠겠지만, 목표를 가지고 모은 돈으로 행복한 시간을 가질 수 있었기 때문에 그 돈은 충분히 쓸 만하다고 생각했다.

지금도 그때 초대됐던 친구들은 그 이야기를 한다. 누구에게는 아무것도 아닐 수 있고, 또 누구에게는 과한 것일 수도 있다. 다른 사람의 생각은 중요하지 않다. 나 자신이 만든 환경 속에서 행복을 느꼈다면 그것보다 중요한 것은 없을 것 같다. 행복 지수의 첫 출발선은 나에게서부터 시작되는 것이 아닐까?

행복은 멀리 있지 않고 내 주변에 있다고 한다. 내 주변에서 행복을 찾는 연습을 해 봐야겠다. 아무리 눈 씻고 찾아봐도 행복이 없는데, 뭘 행복이라고 하는지 모르겠다. 행복이라고 하면 마음이 평안하고 입꼬리는 올라가고 눈은 미소를 짓는 이런 모습일지 모르겠다. 하루에 이런 모습을 얼마나 많이 할 수 있으며, 얼마나 많이 의식할 수 있을까? 나는 행복이 감사와 같다고 생각한다. 오늘도 우리 아이가 짜증을 안 내고 학교에 가서 행복하다. 내가 외출할 때 강아지가 짖지 않아서 행복하다. 우리 가족이 저녁 식사 때 반찬 투정을 안 해서 행복하다. 이렇게 내 일상을 행복하다고 써 보니 행복할 일이 참 많다. 우리는 너무 크고 거창한 행복을 원하고 있을지 모른다. 지금부터라도 내 주변에서 행복을 발견해 보면 어떨까?

4

자신의 영역을 지키며 살아야 '나' 자신이 있다

31살에 엄마가 되었다. 엄마가 되기 전에 하고 싶었던 것들이 많았다. 돈을 많이 벌어서 해외여행도 많이 다녀보고 싶었다. 군인의 딸로 자랐지만 엄한 교육을 받고 자란 것은 아니다. 그래도 아쉬운 건, 성인이 되어서도 다양한 장소에 여행을 다녀본 경험이 없다는 것이다.

남들이 다 가는 신혼여행도 해외로 가보지 못했다. 결혼을 할 무렵 남편은 중요한 시험을 앞두고 있었다. 남편을 위한 배려였고 나 스스로 괜찮은 결정이라고 생각했다. 지금 생각해 보면, 일생에 한 번 있는 여행을 누려보지 못한 것이다. 나 스스로 남편을 위한 배려라고 포장한 교만이라고 생각한다. 그때는 그랬다. 남편의 시간을 먼저 생각했고, 시댁의 경제적인 부분을 신경 쓰느라 나를 지키지 않았다. 시간이 지날수록 내가 나를 지키지 않으니 주변 사람들도 나를 지키지 않는다는 것을 알았다. 점점 내가 만만한 사람이 되는 것이다. 이제라도 나는 나를 지키는 이기적인 사람이 되어야겠다고 생각했다.

최근 들어 관찰 예능들이 많이 방송되고 있다. 그 중 tvN 〈어쩌다 사장〉 프로그램을 좋아한다. 텔레비전을 잘 보지 않는 내가 소파에 앉아 나도 모르게 미소를 지으며 TV에 집중을 하고 있었다. 그럴 때면 남편은 "뭐가 그렇게 재미있어서 실실 웃고 있어? 조인성이 그렇게 좋아?"라고 한다. 사실 나는 배우 차태현을 좋아한다. 예전부터 차태현 배우는 꾸밈이 없고 진솔해 보였다. 이 프로그램을 통해 새롭게 알게 된 건 조인성이라는 배우도 굉장히 친근감 있는 사람이라는 것이었다. 예전엔 톱 배우답게 매우 차가워 보였고 일반 사람들과는 어울리지 않는 사람처럼 보였다. 물론 TV를 통해 그 사람을 다 알 수는 없지만 일상생활을 하는 모습들 속에 그 사람이 보이는 것이 재미있었다.

예전에는 내 취향이 무엇인지 몰랐다. 어렸을 때 화려하게 포장된 것에 열광하고 흥분했다면, 점점 단정하고 모던한 것에 눈길이 간다. 요즘에는 인터넷에 정보가 넘치다 보니 선택을 하는 것이 더 어려워졌다. 친구와 약속을 하고 만날 장소부터 음식 등 선택할 일이 많다. 이때마다 내가 정하는 것보다 친구의 의견을 먼저 물어보는 경우도 많다. 물론 나에게는 장소, 음식이 중요하지도 않다. 잘 생각해보면 내가 어떤 장소와 음식을 좋아하는지 모르는 것이 원인이었다.

해진이라는 누가 봐도 일 잘하는 친구가 있다. 해진이는 모임을 하기전, 모임 멤버들에게 장소와 음식에 대한 질문을 문자로 보내준다. 멤버들이 쉽게 선택을 할 수 있게 장소와 음식을 2~4개 정도를 정리해서 단체 톡 방에 올려준다. 사실 사전에 정보를 찾아보고 정리해서 사람들에게 보내준다는 것이 쉬운 일이 아니다. 그런 해진이의 노력 덕분에 사람들은 자신의 취향대로 선택한다. 해진이는 모임 중 레스토랑에서 나오는 음악에 대해 설명을 자세하게 해준다. 해진이는 음악에 대해 박식하다. 자신의 음악 취향에 대해 이야기도 해주곤 했다. 혹시라도 그 레스토랑에 사람이 아무도 없다면, 자신이 좋아하는 음악으로 바꿔줄 수 있는지 사장에게 정중히 물어본다. 친구들은 해진이의 취향을 확실하게 알 수 있다. 해진이는 무례하거나 타인에게 자신의 취향을 강요하지 않는다. 그녀는 다른 사람의 의견을 존중할 줄 알며 자신의 취향을 남들과 공유할 줄 아는 특별한 재능을 갖고 있다.

아이들은 어린이집에서 타인에 대한 배려부터 배운다. 물론 단체 생활이다 보니 배려, 존중이 중요한 것은 맞다. 하지만 어릴 때부터 나를 이해하지 못한 상태에서 하는 배려는 나에 대한 무언의 폭력일지도 모른다. 어린아이일수록 나에 대해 잘 알아야 상대방에게 올바른 거절과 적절한 배려를 할 수 있는 어른으로 자랄 수 있다.

아이들이 유치원을 다닐 때 같은 반 친한 친구들이 놀러 온 적이 있었다. 친구들은 우리 아이 방에 있는 장난감들을 구경하며 하나씩 가지고 놀기 시작했다. 장난감 중 우리 아이가 몇 시간에 걸쳐 만들었던 레고가 있었다. 친구는 그 레고를 가지고 놀고 싶다고 이야기를 했다. 우리 아이는 싫은 내색을 했지만 정확하게 싫다고 이야기를 하지 않았다. 나는 아들에게 "가지고 놀아도 돼? 레고는 놀다가 부서질 수 있는 거야. 싫으면 싫다고 얘기해도 돼. 정확하게 갖고 놀아도 되는지 말을 해 줘야 해."라고 말했다. 아들은 쭈뼛쭈뼛 놀아도 된다고 말을 했다. 하지만 결과는 그리 좋지 않았다. 아이들이 집에 돌아간 후, 아들은 한참을 울었다. 다음부터는 자신이 소중하게 생각하는 물건은 못 만지게 할 거라고 했다. 그이후, 친구들이 놀러 오면 자신이 소중하게 생각하는 물건들을 이야기하며 만지지 말아 달라고 먼저 이야기를 한다.

나는 가끔 차갑다는 말을 듣는다. 점점 나이를 들면서 결정도 빨라지는 것 같다. 단순해지고 있다. 다르게 생각하면 나에게 집중하고 있다고 생각한다. 어떤 일에 결정을 내릴 때도 그 중심에 내가 있다. '내가 행복할까?'가 제일 중요하다. 중심이 바뀌니 세상의 결정이 바뀌기 시작한다. 내가 좋아하는 사람을 만나고, 내가 좋아하는 일을 하고, 내가 좋아하는 것을 배우고 하다 보면 나의 긍정 울타리가 만들어지고 있다.

외국인을 위한 한국어 수업을 시작했다. 첫 수업에서 만난 친구는 국적이 중국이다. 남편은 독일 사람이고 직장 때문에 한국에 거주하게 되었다. 자신의 나라가 아닌 곳에서 아이들을 낳고 함께 사는 것이 힘들 때가 많다고 했다. 결혼과 동시에 자신이 태어난 나라가 아닌 남편의 나라에서 살았다. 그리고 지금은 자신의 나라도, 남편의 나라도 아닌 또 다른 나라에서 자신의 삶을 만들어 가고 있는 그녀에게 응원을 해 주고 싶었다.

첫 만남에서 그녀에게 질문을 했다. "당신은 무엇을 잘 하세요?", "당신은 무엇을 할 때 행복하세요?" 그녀는 나의 질문이 평상시 바쁘게 살기만 한 자신에 대해 생각할 기회를 준다고 좋아했다. 그녀는 공부를 위해 유학을 했다고 했다. 하지만 결혼을 하고 남편의 직장 때문에 자신을 생각할 겨를이 전혀 없었다. 남의 나라에서 아이들을 키우느라 배워야 할 것들이 훨씬 많고 힘들었다. 그 질문을 통해 한동안 생각에 잠긴 그녀는 자신이 행복했던 과거와 현재에 대해 이야기를 시작했다. 행복한 얼굴로 이야기를 풀어낸 그녀의 모습이 지금도 생생하게 기억이 난다. 다음 수업 날, 그녀는 자신의 행복을 위한 요리 수업을 받기로 했다고 했다. 한국에서의 행복한 시간이 그녀에게 계속되었으면 한다.

5

세상이 정해준 답이 아닌 내 안의 답을 찾아라

나는 아들 둘을 낳고 키우며 엄마가 되었다. 아이들이 어릴 때만 해도 좋은 엄마가 될 줄 알았다. 그러나 아이들이 점점 학년이 올라갈수록 목청이 올라가고, 감정 조절이 힘들어지는 엄마가 되어가고 있다. 세상 속 기준으로 아이를 바라볼 때, 한없이 부족하게 보이는 아이들을 엄마로서 쉽게 받아들이기 힘들다. 엄마인 나의 욕심일지도 모른다. 가끔은 어디서 내가 잘못 키웠을까? 하는 질문을 나에게 할 때가 있다. 사회적 경쟁 속에서 성적순이 아닌 내가 세운 나의 가치관으로 아이를 바라볼 땐 누구보다 잘 자란 아이라는 생각을 한다. 엄마라면 아이들이 성장하면서 사회가 요구하는 사회관과 내가 정한 나의 가치관이 균형을 잘 잡아야 한다는 사실에 공감할 것이다.

나는 아이들이 혼자서 할 수 있는 나이가 되었을 때부터 아이들이 하고 싶은 일들을 할 수 있도록 적극적으로 지지해주었다. 아이들의 취미를 같이 즐겼다. 큰아이는 축구를 좋아했다. 시간이 날 때마다 함께 운동장에 나가서 공을 찼다. 아들이 하는 발 기술을 연습하며 아들과 축구를 즐겼다. 나 또한 축구 실력이 향상되는 느낌이 들었다.

서울 월드컵 경기장에 가서 FC서울을 목이 쉬도록 같이 응원을 했다. 둘째 아이는 타미야라고 하는 자동차 조립을 좋아했다. 타미야는 각 지역마다 운영하는 곳이 있다. 그곳에서 자동차 조립도 하고 대회도 참석하며 취미 생활을 즐겼다.

아들이 좋아하는 타미야 센터는 집에서 1시간을 차로 운전해서 가야했다. 주중에는 학교 끝나고 쉽게 갈 수 없었다. 주중 내내 참다가 주말에 방문하면 자동차 조립과 대회 참석 등 6~7시간을 보내고 왔다. 나는 챙겨갔던 노트북으로 일을 했다. 책을 보며 시간을 보내기도 했다. 지루하다는 생각은 하지 않았다. 물론 가끔 차가 막혀서 피곤하긴 했다.

아이들이 학년이 올라가면서 나는 나의 교육관과 가치관을 의심했다. 아이들의 성적과 주변 아이들의 성적이 나의 마음을 불안하게 만들었다.

이 불안함은 아이들에게 짜증을 내게 만들었고, 올바른 훈육보다 내 안의 분노를 표출하게 될 때가 많았다. 나 또한 아이들 교육에 무엇이 옳은지 모를 때가 많았다. 한 가지 확실한 건 세상에 잘난 사람이 많다는 것이다. 잘난 사람들 속에 인성까지 갖춘 사람이라면 모든 걸 가진 사람일 거다. 치열한 경쟁 속에서 잘난 사람은 계속 나올 것이다. 그 속에서 제대로 된 인성까지 교육을 잘 받고 자란다는 것은 어쩌면 어려운 일일 수도 있다. 그럼에도 엄마로서 내 아이의 인성 교육은 평생의 가치관 성립으로 생각해야 할 것 같다. 그만큼 중요하다고 생각한다. 어렸을 때 자리 잡힌 가치관이 성인까지 이어질 수 있기 때문이다.

매년 트렌드가 바뀌듯 양육 트렌드도 바뀐다. 나의 가치관도 조금씩 바뀌었다. 큰아이가 초등학교에 입학하고 가끔씩 친구들과 의견 충돌로 다툼이 있었다. 집에 와서 속상한 마음을 주저리주저리 이야기를 했다. 나는 아들이 속상한 마음이 있더라도 먼저 문제를 해결할 수 있도록 권했다. 우리 아이가 친구를 잃을까 봐 걱정하는 마음이 컸다. 친구끼리는 져주기도 한다고 말했다. 그 당시 왕따라는 사회적 이슈가 커서 우리 아이가 혼자 학교생활을 할까 하는 막연한 불안감이 컸었다.

4년이 지난 뒤, 둘째 아들이 초등학교에 입학했다. 둘째 아들도 가끔씩 친구와 다툼이 있었다. 큰아들과 다른 건 문제가 발생했을 때 아이들이 자신의 이야기를 끝까지 하지 않고 얼버무린다는 것이었다. 나는 둘째 아들에게 친구가 잘못했다고만 생각하지 말고 자신이 잘못한 것은 무엇인지 생각해보라고 했다. 나랑 맞지 않는 친구와 함께 지낼 필요는 없다고도 덧붙였다. 단짝 친구는 초등학교 시절에 생길 수도 있고 나중에 생길 수도 있다고 했다. 잠시 혼자 다니면서 차분해지는 시간을 가지라고 이야기를 했다.

예전에 나라면 친구니까 친하게 지내라고 이야기했을 거다. 큰애를 키우면서 아이들도 많이 변했다는 것을 느꼈다. 문제가 발생했을 때, 우리 아이만 교육한다고 관계가 좋아지는 경우는 거의 없었다. 아이들이 올바른 생각이 자리 잡기 전까지 옆에서 엄마나 아빠가 끊임없이 도와줘야 한다. 그래야 아이 스스로가 자신을 존중하고 다른 사람도 존중하게 된다. 그렇게 크면서 자신과 가치관이 맞는 친구를 옆에 두게 된다. 기준 없이 '친구니까'로 서로 감정을 공유한다면 나의 자녀가 친구로 인해 상처받는 모습을 볼 수도 있다. 우리 아이들이 관계에서 힘들어할 때 사회적 시선보다 아이의 감정에 집중해서 이야기해 보면 어떨까 싶다.

영국에서 온 사라라는 친구가 있었다. 이 친구는 남편 직장 때문에 한국에 머물고 있다. 한국에서 어렵게 구한 직장에 출근하기 두 달 전 임신 소식을 알게 되었다. 임신과 함께 사라는 경력단절이 되었다. 슬퍼할 것 같은 예상과 달리 그녀는 굉장히 즐거워했다. 출산과 동시에 전업주부로 육아를 했다.

아이가 어리다 보니 자주 못 만나다가 아들이 9개월이 되면서 집에 놀러 갔다. 우리는 육아에 대해 이런저런 이야기를 했다. 영국 엄마가 하는 육아 방식도 궁금했다. 사라의 삶은 너무 놀라웠다. 아이 이유식을 3일 간격으로 만들어서 냉동고에 넣어 놓는다고 했다. 한국인 엄마들의 육아 방식과 여러모로 비슷해서 놀랐다.

사라는 남편이 출근하기 1시간 전에 일어나서 아침 식사를 준비한다. 남편 출근 후, 오전에 아이를 유모차에 태우고 남산을 1시간 하이킹을 하고 내려온다. 아이가 낮잠을 자면, 본인이 해야 할 일들을 했다. 사라는 피곤하다고 누워서 TV를 보거나 낮잠을 자는 경우는 없다고 했다. 그 이유는 남편은 일하고 있는데 본인은 누워 있는 것이 미안하다고 했다. 그저 놀라울 따름이다.

이 이야기를 듣고 있는데, 예전 우리 남편의 이야기가 떠올랐다. 큰아이가 3살 정도 되었을 때 남편 직장 동료가 남편에게 아침 식사를 하고 오는지 물었다고 했다. 남편은 "큰일 날 소리를 하네. 우리 사모님 깰 까봐 방문도 살살 닫고 와." 했던 그 말이 귓가에 맴돌았다.

잠깐 가진 죄책감은 있었지만, 나도 나름 최선을 다하면서 살았다. 사라의 삶은 사라의 것이고 나의 삶은 나의 것이다. 남편과 아이의 모든 식사를 스스로 준비해 놓을 정도로 정성껏 준비하는 것을 듣고 그저 놀라 웠다. 나라와 상관없이 자신이 가지고 있는 신념이 행동으로 나온다고 생각한다.

　내가 영어 유치원에서 일을 할 때, 외국인 교사 중 샘이라는 교사가 있었다. 샘은 자기 관리를 잘하고 아이들에게 친절했다. 수업 시간에는 성심성의껏 아이들을 가르쳤다. 보통 외국인 교사에게 점심시간은 자유 시간이다. 계약할 때, 교사가 아이들과 함께 점심 식사를 하면 업무로 간주하여 월급을 지급해야 한다. 외국인 교사 채용에 있어서 까다로운 것들이 한두 가지가 아니었다. 샘은 계약 때 점심은 아이들과 함께 먹지 않겠다고 했다. 당연히 학원에서는 그 시간에 대해 월급으로 책정하지 않았다.

　하지만 샘은 항상 아이들과 식사를 같이 하고, 식사를 다한 후 함께 이야기를 하거나 놀이를 했다. 나는 참 고마웠다. 샘은 그 시간은 자신이 좋아서 하는 거라고 했다. 굳이 돈을 받고 일로 하고 싶은 마음은 없다고 했다. 그렇게 인연이 된 샘은 내가 그 학원을 그만두고 다른 영어 관련 컨설팅을 오픈할 때도 계속 연결을 해주었다. 지금 샘은 자신의 비즈니스를 오픈했다. 샘이 자신의 가치관으로 행동한 부분이 나에겐 굉장히 인상적이었고, 지금까지도 연락을 하며 지낼 수 있는 사이가 되었다.

세상은 하루가 다르게 빠르게 변하고 있다. 그 속에서 나는 그대로 머물러 있는 것 같다는 생각도 든다. 그대로인 것이 잘못은 아니다. 그대로인 것이 어쩌면 '나'를 잃지 않는 진정한 나다움일 수 있다. 진정한 나다움이 묻어나기 위해서는 나만의 가치관을 확실하게 정립해야 한다. 타인의 기준이 아닌, 나만의 가치관대로 살 때 비로소 내 삶의 진정한 주인으로 사는 것이 아닐까?

6

행복도 반복하면 습관이 된다

20대에는 에이브러햄 링컨이 했던 말을 이해하지 못했다. "40세가 넘은 얼굴은 자신이 책임져야 한다"는 것이다. 수많은 사람을 만났다. 그중 만나면 기분 좋은 사람도 있고 얼굴만 봐도 긴장하게 되는 사람이 있다. 기분 좋게 만드는 사람은 나만 느끼는 것이 아니다. 어떤 사람은 주변 평판에서 칭찬이 대부분인 경우도 있다. 한순간에 만든 것이 아닐 것이다. 수년 동안 일관된 그 사람의 행복한 모습이 전달되었다고 생각 된다.

나는 한 아파트에서 오래 살았다. 오래 살다 보니 같은 동에 사는 어르신들과 거의 다 아는 사이가 되었다. 그러다 보니 나는 우리 아이들이 걸음마를 시작할 때부터 엘리베이터 안에서 어르신들을 만나면 인사를 시켰다. 부정확한 발음으로 인사를 하는 것조차 귀여워하셨다. 십 년이 지난 지금도 아이들은 지나가다가 같은 동 어르신들을 만나면 자연스럽게 인사를 한다. 당연히 어르신들은 요즘 같은 세상에 인사성 바른 아이가 있다고 나를 볼 때마다 칭찬을 아끼지 않는다. 누가 시키지도 않는데 우리 아이들은 인사라는 것이 습관이 되어버린 것이다. 행복도 그렇지 않을까? 행복이 왔을 때 행복을 느끼는 것이 아니라 지금 이 순간부터 행복을 느끼는 것을 습관화한다면 어떤 변화가 올지 궁금하다.

인터넷에 습관이라는 단어를 치면 수많은 프로젝트 형식의 프로그램들이 있다. 유명한 강사의 인사이트 강의도 많고, 여러 사람들이 함께 습관을 만들어가는 참여 형식의 프로그램들도 있다. 습관을 통해 자신이 목표한 것들을 이룬 사람들의 경험을 볼 때마다 습관이 얼마나 중요한지 알 수 있다.

큰아들이 초등학교에 입학하고 나는 다이어트를 결심했다. 큰아들을 낳고 살이 다 빠지지 않은 상태에서 둘째를 임신하고 출산을 반복했기 때문에 살을 빼기 더 힘들었다. 매번 다이어트를 해야지 하며 말만 했지 행동으로 옮기지 못했다. 큰아들이 초등학교에 입학하면서 나 또한 새로운 시작을 알리는 마음이었다.

당시에 간헐적 다이어트가 유행이기도 했다. 아침에 간단히 밥을 먹고, 1시간 걷기 운동을 하고, 4시 이후로 밥을 먹지 않았다. 처음 2주는 너무 힘들었다. 손도 떨리는 것 같고, 신경도 예민해지는 기분이었다. 딱 2주가 지나가면서 내 몸도 적응이 되기 시작했다. 4시 이후 밥을 먹지 않아도 전혀 힘들지 않았다.

3개월이 지났을 때, 어느 정도 만족스러운 몸무게를 되찾게 되었다. 만족감과 성취감은 어느 누구도 느낄 수 없을 정도였다. 물론 남들이 살이 빠졌다고 이야기를 해 주었지만 그 말보다 내가 느끼는 것은 훨씬 컸다. 내가 말로만 계속했다면 아직도 그대로일 거다. 우리 남편이 담배를 끊는다고 평생을 말하는 것처럼. 하지만 행동으로 실행을 했고, 반복적으로 하다 보니 습관이 되었다. 습관이 결과를 만들어 냈다. 어떤 습관이냐에 따라 결과도 달라진다. 우리도 행복이라는 습관을 꾸준히 만들어 가면서 그 결과를 상상해 보면 어떨까 한다.

영어 학원을 운영하는 원장님께서 개인 컨설팅을 부탁하셨다. 소규모 공부방을 하다가 작은 영어 학원을 인수받아서 운영을 하는데 어려움이 있다고 했다. 나는 학원 방문을 하자마자 원장님의 지금 심리 상태부터 느껴졌다.

　처음 만나는 날, 손님보다 늦게 도착했다. 늦게 도착했으니 원장님은 당연히 우왕좌왕했다. 나는 원장님께 원을 둘러보겠다고 했다. 정신없는 원장님께 시간을 주고 싶은 마음도 있었다. 더 중요한 것은 유치원, 저학년을 대상으로 하는 학원들을 주로 컨설팅할 때 처음으로 보는 것이 공간 구성이다. 공간 구성에서 그 기관의 심리상태가 드러난다고 할 수 있다. 교사가 불안정한 상태라면 아이들에게 고스란히 전달되기 때문이다.

　"원장님 많이 힘드시죠?"

　원장님은 코로나로 인해 운영하기 힘든 상황까지 와서 학원에 출근하는 것이 힘들다고 했다. 그러니 수업을 즐겁게 할 수 있었을까 하는 생각을 했다. 상황이 나빠지면 생각이 부정적으로 되고 행동은 의미 없이 소비하게 된다. 이것이 불행의 악순환이다. 원장님께 우선 운영을 위해서는 자신이 할 수 있는 환경을 바꿔야 한다고 했다. 우선 청소가 급선무였다. 학원에 들어서는 순간 학생들과 교사들이 공부를 하고 싶은 마음이 들 수 있는 환경으로 만들어야 했다. 원장님은 지친 마음이 게으름으로 변했다고 했다. 게으름은 습관이 되었고, 학원은 정리가 안 된 상태가 되어 버린 것이다. 코로나라는 환경을 바꿀 수 없다면 다른 악순환의 고리를 끊어야 한다고 이야기를 했다. 원장님이 세상을 탓하지 않고 자신만의 성공 루틴을 만들어서 정상적인 학원으로 운영하길 바라는 마음이었다.

결혼 전에는 행복에 대해 많이 생각해보지 않았다. 막연하게 부자가 행복할 거라고 생각했다. 나는 열심히 살고, 돈이 많은 것은 아니지만 가난하게 살 거라고 생각하지 않았다. 막상 결혼을 하고 나니 생각처럼 돈이 모이지 않았다. 남들이 집을 살 때 집도 못 사고 계속 제자리걸음만 하는 나를 볼 때마다 슬펐다. 내 인생이 불행하게만 느껴졌다. 거울에 비치는 내 얼굴이 우울해 보였다. 그때 알았다. 행복을 돈이라는 기준으로만 평가했던 것이다. 사실 돈은 살아가면서 굉장히 중요하지만 지금 당장 모든 것을 평가할 정도는 아니라는 것을 깨달았다. 행복은 환경에 의해 결정되는 것이 아니라 마음에서 나오는 것이기 때문이다. 그 마음의 리더는 내가 된다. 내가 내 마음의 리더로서 행복 마인드를 만들어 가야한다. 엄마의 행복 마인드가 우리 아이들에게 분명 전염될 거라 생각한다.

나는 남편과 마트에 가서 장을 볼 때마다 의견이 다르다. 남편은 과자와 아이스크림을 사려고 하고 나는 사지 말라고 한다. 우리 엄마는 내가 어렸을 때 군것질거리를 잘 사주지 않았다. 길거리 음식도 잘 먹지 않았다. 습관이 무섭다는 말이 있다. 나는 지금까지 마켓에 가서 내가 먹기 위해 과자를 산 적이 없다. 습관이란 것은 우리도 모르게 무의식에 자리

잡는다. 이처럼 행복을 습관으로 자리 잡게 한다면 얼마나 좋을까? 어떠한 상황에서도 긍정적인 태도를 유지할 수 있을 거 같다.

사람마다 행복의 기준과 정의가 다르듯 행복 습관을 만드는 방법도 다 다를 것이다. 다른 사람과 비교하지 말고 나의 작은 마음을 챙긴다고 생각하며 습관 만들기를 하면 좋겠다. 더 많이 웃기, 감사 일기 쓰기, 긍정적인 친구 만들기, 봉사 활동하기 등 생활 방식의 변화가 새로운 긍정적 활력소가 될 거라고 생각한다. 성공한 사람들의 행복 습관 중 한 가지가 물질을 얻으려고 하는 것이 아닌 경험에 투자한다는 이야기를 들었다.

다양한 경험을 통해 행복 에너지를 끌어올려 보자. 작은 행복 경험들이 모여 '행복한 엄마'로 성장할 수 있을 것이다.

7

멘탈 근육의 면역력을 키워라

나는 인생을 단순하게 살려고 노력한다. 남편은 생각이 많은 편이다. 한 가지 일에 오만 가지 생각을 하며 스스로 스트레스를 만드는 사람이다. 반면에 나는 내가 아니라고 생각하면 더 이상 생각하지 않는다. 사람과의 관계에서도 마찬가지이다. 나를 불편하게 만드는 사람은 과감하게 비즈니스 관계로 대한다. 나에게 비즈니스 관계란 기브앤테이크가 정확한 사이를 말한다. 공감하는 감정을 정확하게 뺀 사이이다. 무미건조한 관계처럼 보이지만 나를 보호하기 위한 방어기제의 하나이다. 무미건조함 속에 오가는 문제는 나에게 상처로 다가오지 않는다. 이것을 깨닫는

데까지 오랜 시간이 걸렸다. 단순함은 나의 멘탈을 더욱 단단하게 만들어준 기초가 되었던 같다.

신혼 초, 남편과 나는 사소한 문제로 자주 싸웠다. 싸움을 하면 나는 그 자리에서 해결을 하려고 하는 타입이다. 남편은 문제를 마주하고 말다툼이 싫어서 나가려고 하는 타입이다. 전혀 다른 성향의 사람이다. 7년이라는 세월을 사귀었는데도 불구하고 정작 결혼을 하고 진심으로 싸워보니 나의 생각과는 달랐다. 나는 욱하는 성격까지 있었다. 하루는 남편과 집 안 청소와 육아 문제로 말다툼이 시작되었다. 아니나 다를까 남편은 옷을 입더니 나가려고 했다. 나는 나가려는 남편의 뒷목을 잡았다. "야! 어딜 나가려고 해." 남편은 내 손을 뿌리치고 나가버렸다. 나도 남편도 서로 문제 해결 방식이 다르다는 걸 깨달았다. 서로를 이해하는 데 필요한 시간보다 서로를 인정하기까지의 대화가 필요했다.

살면서 서로 감정이 다투는 싸움은 여러 차례 있다. 이때 내가 상처받을 수도 있고, 내가 상대에게 상처를 줄 수도 있다. 그러지 않기 위해 멘탈의 힘을 확실히 키워야 한다.

오래 전 친구의 소개로 만난 제이라는 친구가 있다. 제이는 시각 장애를 가지고 태어났다. 몇 차례의 수술을 통해 지금은 미세하게 볼 수 있다고 했다. 처음 제이를 만났을 때 눈이 불편하다는 것을 알지 못할 정도로 그녀는 밝고 적극적이었다. 사진을 찍을 때 제이의 눈이 다른 사람들과 다르다는 걸 알게 되었다.

친구와 만나기로 한 날, 제이도 함께 식사를 하게 되었다. 제이는 자신의 이야기를 자연스럽게 해 주었다. 제이는 한국에서 초등학교를 다녔다. 주변 친구들이 자신의 장애를 놀려서 자신은 굉장히 소극적인 아이였다고 했다. 부모님은 제이에게 좋은 교육 환경을 제공해 주고 싶은 마음에 미국 학교에 유학을 보냈다.

그곳에서 몇 년간 공부를 하고 고등학교 입학 무렵 한국에 돌아왔다. 여전히 자신의 장애를 이야기 주제로 삼는 것은 변함이 없었다. 그러나 변한 것이 하나 있었다. 그것은 자신, 본인이었다. 자신을 향한 환경은 바뀌지 않았지만 그것을 받아들이는 자신은 당당하다 못해 그들을 맞받아치니 어느 누구도 자신을 건드리지 못했다.

자신이 사는 동네에서 '장난치면 안 되는 애'로 엄청 유명했다. 지금도 시력을 잃어가는 과정이라고 했다. 언제 시력이 없어질지 몰라서 지금부터 점자를 공부 중이라고 한다. 이 이야기를 듣고 있는 나는 계속 감탄사만 나왔다. 제이의 멘탈은 얼마나 강한 걸까? 물론 내가 제이의 모든 걸 알 수는 없지만 지금 제이의 모습은 참 당당해 보였다. 앞으로 펼쳐질 제이의 모든 활동을 응원하게 되었다.

우리는 무슨 일이 생길 때마다 멘탈을 챙기라고 한다. 정말 그 순간 멘탈을 챙기면 멘탈이 강해지는 걸까? 나는 아니라고 생각한다. 멘탈도 근육처럼 꾸준히 만들어지는 것이라고 생각한다. 나는 한 번도 근육을 만들어 본 적은 없다. 남편은 죽기 전에 퍼스널 트레이닝을 받아서 근육질의 몸매를 만들어 보고 싶다고 한다. 나는 근육질의 남자가 멋있다고 생각한 적이 없지만, 남편이 평생 이루지 못한 걸 보면 마음만으로는 어렵다고 생각된다. 멘탈을 근육이라고 생각해 보자. 근육을 만들기 위해 매일 습관을 만들고, 다양한 근육 종류에 맞게 운동을 해야 한다. 식이 요법을 하며 꾸준히 강화를 하다 보면 근육이 단단해진다. 상상해 보자. 남들에게 내 팔뚝을 내놓으며 만져보라고 하고 있을 것이다. 얼굴이 빨개질 때까지 더 단단해지기 위해 힘을 줄 것이다. 옆에 있는 사람이 얼마나 단단한지 몇 대 세게 때린다고 그 근육은 쉽게 무너지지 않을 것이다. 단지 피부가 좀 빨게 질 뿐이지… 그러다 너무 아프면 상대방에게 갑자기 주먹을 쥐고 때리려는 시늉을 하면 상대방은 금방 기가 죽은 아이처럼 될 것이다.

멘탈도 마찬가지인 것 같다. 강해진 멘탈은 문제가 닥쳐왔을 때 나를 보호해줄 보호막이 된다. 반대로 멘탈을 꾸준하게 강화시키지 않으면, 크리스털 유리처럼 와르르 깨질 거다. 내 삶 속에서 와르르 깨지는 멘탈을 경험하기 전에 멘탈 근육을 미리 키워 놔야 한다.

살고 있는 집에서 갑자기 나가야 하는 문제가 생겼다. 나의 의지로 상황을 바꿀 수 없는 일이 생긴 것이다. 한창 부동산 가격은 천정부지로 치솟고 있는 상황이었다. 아이들 학교 문제와 현재 내가 가지고 있는 현금 등 고려해야 할 사항들을 떠안고 부동산을 찾았다. 여러 가지 상황과 조건들이 나에게 도움 되는 것은 하나도 없었다. 살면서 생각지도 못한 일들은 참 많이도 생긴다.

이때 얼마나 스트레스를 받았는지 몸에서 반응하기 시작했다. 원형 탈모가 생기기 시작했다. 화장실에서 거울을 볼 때마다 눈에서 눈물이 흐르고 가슴이 터질 것 같이 화가 났다. 아이들은 엄마의 이런 모습을 보고 각자 방에서 자기 할 일들을 조용히 하고 있었다. 이 모습이 나를 더 힘들게 했다. 엄마가 돼서 미래를 준비하지 못한 모습이 한심해 보였다. 멘탈이 완전히 무너졌다. 나는 그때 다시 한 번 멘탈 관리의 중요성을 느꼈다.

환경은 계속 변한다. 나한테 맞춰주는 환경은 없다. 어떠한 환경이 와도 내가 버틸 수 있는 것은 멘탈 관리밖에 없다. 멘탈이 튼튼하다면 나의 감정은 잠시 흔들리고 지나갈 뿐이다. 멘탈이 강했던 남편은 문제를 해결하기 위해 여러 가지 방법을 세웠다. 환경에 흔들리지 않는 남편과 대화를 통해 문제를 잘 해결해 나갔다. 물론 그 과정은 쉽지 않을지라도 지혜롭게 해결 못 할 일은 없다.

멘탈은 어떻게 길러야 할까? 인생은 내가 생각하는 대로 흘러가지 않을 때가 많다. 엄마가 암이라는 병에 걸렸을 때도 그랬다. '엄마는 곧 나을 거야.'라고 긍정적으로 생각하면서 기도했다. 사람들도 나에게 "긍정적으로 생각해."라며 위로했다.

어느 날 아는 지인이 기도를 해주시겠다고 오셨다. 지인은 나에게 긍정적으로 생각하는 것은 좋지만, 좋지 않은 결과가 나올 때도 생각해 보라고 했다. 이 상황을 인정하고 받아들이라는 말이었다. 막연한 희망은 오히려 상처가 될 수도 있다는 것이다. 지금 현실에서 엄마가 필요한 것에 집중하라고 했다. 엄마의 병은 나에게 예고 없이 왔다. 살면서 예상하지 못한 많은 상황들이 갑작스럽게 찾아온다. 그때마다 제일 먼저 할 수 있는 일은 인정하는 자세일 거라고 생각한다. 인정한 후, 문제를 해결해 나가는 과정 속에서 나의 멘탈은 조금씩 조금 더 강해질 거다.

처음부터 강한 멘탈을 가질 수는 없다. 남에게 의지하지 않고 스스로 작은 문제부터 천천히 해결한다면 충분히 멘탈 근육을 키울 수 있다. 살다 보면 어려움도 많겠지만 자기 확신을 갖고 멘탈을 꾸준히 키우는 것 또한 자신을 행복하게 하는 일이다.

8

행복 DNA(Discovery, Networking, Association)만들기

전 세계를 열광하게 만든 BTS의 노래 중에 'DNA'가 있다. 아이들이 집에서 이 노래를 부를 때마다 나는 그저 'DNA, DNA' 하며 흥얼거렸다. 나도 젊은 시절 김건모의 '잘못된 만남' 랩을 누구 못지않게 잘 불렀는데…. 역시 세월 앞에 장사 없다는 말이 무색하다.

아이들이 성장하면서 엄마 닮았네, 아빠 닮았네 하는 소리를 더 듣게 된다. 둘째 아들은 가끔 자신의 욱하는 성격은 엄마를 닮았다고 나에게 이야기할 때도 있다. 그럴 때마다 엄마는 유전에 의한 욱함이 아니라 환경에 의해 만들어진 욱함이라고 말한다. 아들과 농담 반 진담 반을 할 정도로 부모에게 물려받은 유전자를 무시할 수 없는 부분이 많이 있다.

부모로부터 행복 유전자를 많이 물려받았다면 어떨까? 행복 유전자가 높은 사람은 태어나면서부터 물리적인 상황에 따른 행복의 조건이 필요 없다. 다른 사람에게는 특별하게 행복한 날이 행복 유전자들에게는 일상 일지 모른다.

신문에서 행복 지수가 높은 나라, 행복 지수가 낮은 나라에 대한 순위 조사를 보는 경우가 있다. 대한민국은 언제나 행복 지수가 낮은 나라에 속해 있다. 경쟁 속에서 넉넉하지 않은 삶을 살았던 부모 세대들의 모습을 생각하면 행복한 모습을 그리기 어렵다. 그렇다면 대한민국은 대대손손 행복 유전자가 낮을 수밖에 없다는 결과이다. 앞으로도 그 유전자는 대대손손 지속된다는 말이다.

하지만 유전자가 행복의 100퍼센트 결정체라면 모든 인간은 태어나면서부터 행복 지수가 정해졌다는 이야기로 해석된다. 얼마나 슬픈 결말인가? 태어나기도 전에 나의 모든 행복이 결정지어진다면 더 이상 어떠한 노력도 필요 없을 것이다. 백 프로 부정할 수 없지만 우리는 환경에 의해서도 많은 부분을 바꿀 수 있다고 생각한다. 타고난 것에 포기하지 말고, 다양한 환경에서 더 많은 경험을 통해 교육을 받는다면 많이 성장할 수 있을 거다. 경험을 한 나를 통해 행복을 방해하는 유전자를 끊는다면, 지금 나의 자녀들에게 새로운 행복 유전자가 만들어지지 않을까 생각한다.

회사 대표를 하다 은퇴하신 분의 이야기를 들은 적이 있다. 예전에는 회사를 은퇴할 때 젊은 자녀들이라고 해도 회사의 경영을 물려주는 경우가 많았다고 한다. 요즘은 여러 가지 경영, 행정상의 문제들로 그렇지 않은 경우도 많다. 그 대표는 젊은 나이와 상관없이 그들의 경영 철학의 방식으로 자녀에게 대표 자리를 물려줄 수 있다고 이야기했다. 이유는 오랜 세월 아버지 옆에서 보고 배운 것들을 무시할 수 없기 때문이라고 했다.

새벽에 일어나서 신문 읽기와 독서로 아침을 시작하는 모습부터, 경영에 참여하는 모든 모습들은 자연스럽게 체득하게 된 것이라고 했다. 물론 경영이라는 지식을 공부해야 하는 것은 본인의 몫이라고 했다. 또 다른 예로 회사 대표 옆에서 오랜 세월 수행을 했던 비서가 다른 작은 회사의 대표가 되는 경우도 종종 있다. 내가 지금 누구 옆에서 어떤 것을 보고 듣고 배우는지 생각해 볼 필요가 있는 대목이다. 내 자녀는 나를 보면서 무엇을 보고 배울지 내 자신을 돌아봐야 하지 않을까? 엄마가 가정에서 해 줄 수 있는 것이 무엇일까? 고민해야 되는 이유다.

그런 이야기들을 들으며, 나는 행복 유전자를 다르게 생각해 보았다.

우선, Discovery: 행복은 발견하는 것이다. 내가 행복의 리더가 되기로 결심했다고 가정해 보자. 대부분의 사람들은 아침부터 일어나서 바쁘게 하루를 보낸다. 습관처럼 일상을 보낸다. 그 속에서 행복을 느낄 수 있는 시간을 찾는 건 어렵다. 더욱이 전업맘으로 육아만 한다면 일상에 변화를 준다는 것은 큰 모험이기도 하다.

  내가 워킹맘에서 전업맘이 되었을 때를 생각해 봤다. 하루 종일 아이와 함께 집에 있는데 불안감이 찾아왔다. 괜스레 초라했다. 아이가 깨어 있을 땐 무엇을 해줘야 할 것 같았다. 아이가 낮잠을 자고 있을 때, 빨리 집안일을 끝내야 할 것 같은 초조함과 나만의 시간을 보내야 한다는 재촉감이 동시에 찾아왔다. 점점 나를 핍박하는 시간이 되어갔다.

  내가 만약 그런 상황이라면 숨을 고르고 잠시 이런 삶을 덤덤하게 받아들이는 자세를 먼저 갖는 것이 좋다. 그리고 나의 행복을 위해 나에게 질문을 해보자. 지금 나에게 필요한 것이 무엇인지, 내가 무엇을 하고 싶은지, 내가 지금 할 수 있는 것은 무엇인지를 적어보자.

  이 기록이 행복의 발견의 시작이 된다. 행복의 발견은 아주 사소한 것에서 시작될 수 있다. 예를 들어, 처음 내가 행복을 찾고자 했을 때를 생각해 봤다. 어린이집에 아이를 맡기고 혼자 영화를 보고 점심을 먹는 것에 행복함을 느낀다는 것을 발견했다. 혼자 하는 시간이 그렇게 좋을 수 없었다. 아이가 어린이집에 가 있는 동안 집안일을 해 놓으려는 마음을 버리고 그 시간을 온전히 나만의 시간으로 쓰니 행복했다. 집안일은 아이를 픽업하고 난 후에 했다. 당연히 아이가 집에 없을 때보다 일은 더디었지만 그 정도는 감수해야 할 문제라고 생각했다. 시간 사용의 변화를 주었다.

두 번째 Networking: 행복을 네트워킹해라. 네트워크 마케팅을 자주 들어보았을 거다. 주변에 다단계다 하며 물건을 파는 분들이 많이 있다. 예전에는 다단계로 표현을 많이 했지만, 요즘은 네트워킹으로 표현한다. 나는 네트워킹 영업 방식이 나쁘다고 생각하지 않는다.

유치원에서도 네트워크 마케팅을 한다. 좋은 프로그램을 한 아이가 경험하고 다른 아이에게 소개해서 등록을 한다. 그 아이가 만족할 수 있도록 교사들은 최선을 다한다. 그렇게 소개로 들어오는 아이들은 다른 기관으로 이탈하는 경우가 적다. 본인의 경험이 제일 좋은 홍보이자 신뢰이기 때문이다.

행복도 하나의 연결 고리를 잘 형성하면 또 다른 연결고리가 생긴다. 행복한 사람을 만나고 행복 파트너들이 내 주변에 생기게 된다. 나는 내가 배우고자 하는 취미나 커뮤니티 등을 통해 같은 주제로 이야기를 나눌 수 있는 파트너를 만났다.

그들과 함께 기획을 하면서 새로운 일들을 하게 되었다. 가만히 생각만 하는 것에서 머무는 것이 아니라 행동으로 옮겨 인간 네트워킹을 만들었다. 간혹 이런 네트워킹이 나에게 불편함을 주거나 괴로움을 줄 때도 있다. 행복한 네트워킹이 아니라고 생각할 땐 과감히 가위로 잘라버리면 될 거라고 생각한다. 세상에는 좋은 사람도 많다. 좋은 사람만 만나기에도 시간이 부족하다.

세 번째 Association: 행복의 그룹을 지어보자. 나를 행복 경영자라고 생각하자. 행복을 발견하고, 행복을 네트워킹해서 행복을 경영하자. 경영을 잘하기 위해 네트워킹 되어 있는 그룹을 지어본다. 분주하게 연결되어 있는 것들을 카테고리를 만들어 그룹핑을 하는 것이다.

일, 가정, 자기계발, 취미 등 카테고리를 그룹으로 만들어 나만의 행복 자기 관리를 한다. 나는 교육 프로그램 기획 자원봉사를 7년 가까이 했다. 기획을 꾸준히 할 수 있어서 나름 자기계발도 되고 다양한 나라의 문화 경험도 되었다. 시간이 지나면서 일이 되었다. 월급을 받지 않으면서도 일처럼 되어 버린 것이다. 재능 기부이자 열정 페이가 당연한 것이 되었고, 일이 되어버리는 순간 행복하게 진행되어지는 것이 사라지기 시작했다. 나에게 행복의 균형이 필요했다. 자원봉사라는 그룹을 아주 작은 카테고리로 재정비했다.

내가 내 삶의 리더가 되어야 한다. 내가 엄마로서 가정의 주인으로 살고 있다면, 행복 리더로 살아야 한다. 지금 내가 행복 유전자를 만들고 그 유전자를 내 자녀들이 보고 듣고 체험할 수 있도록 나부터 실천하면 어떨까? 나에게서 파생된 행복 유전자는 자연스럽게 아이들에게도 전염될 것이다.

4장

엄마의 독립을 위한 셀프 리더십 7가지 로드맵

1

나를 위한 최고의 질문을 기록하라
: 자기발견 리더십

매해 11월이 다가오면 다음 연도의 다이어리를 사기 위해 교보문고를 간다. 올해도 어김없이 찾아 왔다. 그해 12월이 다가올 때 지난 다이어리를 보면 단순한 일정 기록과 아이들의 학원비 기록뿐이다. 그것마저도 안 적혀 있을 때도 있다. 디지털이 빠르게 발전되면서 점점 핸드폰에 적는 문화로 바뀌고 있다. 아직 나는 아날로그와 디지털의 중간 세대인지라 중요하게 기억해야 할 메모는 핸드폰과 다이어리에 꼭 메모를 해 둔다.

10대 아들들은 영어 학원을 가기 전 핸드폰을 계속 만지작거리기 시작했다. 나는 학원에 가기 전에 단어를 외워야지 핸드폰을 보고 있다고 야

단을 쳤다. 아들은 영어 숙제를 하고 있는 자신한테 뭐라고 한다며 기분 나쁘다고 짜증을 냈다. 우리 세대에는 연습장에 단어를 쓰면서 외운 후 선생님께 확인을 받는 세대였다. 요즘 아이들은 핸드폰을 이용해서 단어를 외우고 문장 말하기 숙제까지 한다. 그저 눈과 입으로 모든 것을 한다. 그렇게 하는 것이 얼마나 머릿속에 남을까 하는 생각이 들지만 세대는 변해가고 있는데 나 혼자 뭐라고 할 수는 없다.

시간, 목표 관리에 대한 온라인 강의를 들었다. 강사는 요즘 회사 아르바이트 면접을 보는데 수첩과 볼펜을 들고 오는 학생을 전혀 볼 수 없다고 했다. 핸드폰만 달랑 하나 들고 온다고 했다. 강사는 디지털 시대라 할지라도 메모의 중요성에 대해 이야기를 했다. 기억하기 위한 가장 기본이 되는 장치는 메모에서 시작한다고 말했다. 그 메모를 통해 생각을 정리하고, 일에 적용하며 발전시킬 수 있는 강력한 도구라고 했다. 부자들의 공통된 습관 중 하나가 메모였다고 한다. 이처럼 메모를 쓰는 습관으로도 우리 인생에 많은 변화를 가져다줄 수 있을 거라고 기대한다. 내 삶의 리더가 되고 싶다면, 메모하는 습관을 먼저 키우는 것이 중요하다.

육아에만 전념할 때 점점 할 수 있는 일이 줄어들었다. 사회와 단절되는 것은 시간문제였다. 주변 엄마들은 골프를 같이 하자고 했다. 예전에는 골프가 고급스러운 운동으로 취급받았다면 요즘은 젊은 세대들이 할 정도로 골프가 대중화되면서 엄마들도 쉽게 접하게 되는 것이 사실이었다. 그럼에도 골프는 아직 나에게 사치였고 좋아하는 운동도 아니었다. 사실 골프는 운동이 아닌 사교를 위한 종목이라고 하는 것이 맞다.

시간이 갈수록 집에 머무는 시간이 길어졌고, 핸드폰을 잡고 있는 시간이 늘어났다. 나를 잃어가는 시점에 내 삶과 역할의 변화가 필요했다. 지금 나를 인정하고 소속감을 확립하기 위해 우선 내가 무엇을 할 수 있는지부터 찾아야 했다.

내가 다시 일을 하고 싶다고 생각할 때 1인 기업 경영 수업이 유행을 하고 있었다. 많은 분들이 1인 기업으로 활동을 하고, 준비를 하는 분들도 많다. 예전에 프리랜서라는 단어가 성행을 했다면 지금은 독립된 개체로 나 홀로 비즈니스를 하는 거다. 1인 기업이란 누구 밑에서 일을 줄 때까지 기다리는 것이 아니라 내가 직접 기획한 콘텐츠로 고객을 끌어들이는 것을 말한다. 곧 나의 아이디어가 상품과 아이템이라고 말할 수 있다.

첫 수업은 나에 대해 알아가는 과정이었다. 유치원에서 3월 주제는 항상 'All About Me'였다. 더욱이 내가 강의를 했던 주제이기도 했기에 낯설지 않았다. 그러나 막상 내 자신에 대해 써 내려가 보려고 하니 머뭇거리게 됐다. 일을 시작할 때부터 지금까지 열심히 했는데 구체적으로 나에 대해 질문을 해 본 적이 별로 없었던 것 같다. 다른 사람에게 질문만 했지 정작 내 자신에게 질문을 하고 답을 했던 기억이 없었던 것이다.

그 기억이 없었으니 기록으로 남겨 놓지 않은 것은 당연한 것일 거다. 나 또한 첫 셀프 리더십 수업을 받은 셈이다. 나를 발견하기 위한 마음의 지도를 그려보았다. 내 마음속에 나의 성장을 위한 핵심적인 질문을 위해 공책에 정성껏 적기 시작했다. 나에게 하는 최고의 질문에 대한 답이 나의 성장에 오롯이 도움이 될 거라고 믿는다.

토니 로빈스 저서 『내 안의 잠든 거인을 깨워라』에서 성공한 사람은 더 나은 질문을 하고 그 결과 더 나은 답을 얻는다고 한다. 나를 발견하기 위해 내 안에 잠들어 있는 거인을 깨우려고 한다. 그러기 위해 지금부터 하나씩 생각날 때마다 나에게 하는 질문을 기록하고 답을 찾아간다면 성장하는 나를 재발견할 수 있다. 다음은 나를 발견하기 위해 도움이 되는 질문 리스트다.

〈나에게 하는 최고의 질문 20개〉

1. 나의 장점은 무엇입니까?
2. 나의 단기/장기 목표는 무엇입니까?
3. 나는 무엇을 할 때 행복합니까?

4. 내가 목표를 이루려고 할 때 방해하는 요인은 무엇입니까?

5. 나는 어떤 가치를 중요하게 생각합니까?(예: 신뢰, 열정…)

6. 나는 어떤 일을 잘합니까? (전문적으로)

7. 나는 어떤 일을 좋아합니까? (취미생활로)

8. 나는 어떤 것을 싫어합니까? (상황, 사람…)

9. 나는 어떤 성격의 사람입니까?

10. 나는 사람 만나는 것을 좋아합니까? 혼자 있는 것을 좋아합니까?

11. 나는 내 일의 어떤 점을 좋아합니까?

12. 나는 내 일을 위해 어떤 것을 포기할 수 있습니까?

13. 나에게 주는 스트레스는 무엇입니까?

14. 나는 스트레스를 풀기 위해 무엇을 합니까?

15. 나의 꿈은 무엇입니까?

16. 나는 성공한 사람을 어떤 사람이라고 생각합니까?

17. 내가 생각하는 롤 모델이 있습니까?

18. 나는 주변에 팀워크를 할 파트너가 있습니까?

19. 나에게 제일 큰 실패는 무엇입니까?

20. 나는 실패를 극복하기 위해 무엇을 했습니까?

나에 대한 질문은 계속 만들어 갈 수 있다. 자신을 재발견하는 것은 여행과 같다고 생각한다. 나는 여행사에서 기획한 패키지여행을 해 본 적이 없다. 해외여행도 마찬가지이다. 언제나 나만의 스케줄대로 계획하고 기획하고 떠났다. 길을 걷다가 좋은 카페가 나오면 몇 시간을 앉아 있다가 올 때도 있다.

한번은 일본 여행을 갔다가 자동차 조립을 하는 단독 건물에 들어가게 됐다. 우리 아들은 몇 시간을 일본인들과 번역기를 틀고 이야기를 나누며 자신의 취미를 공유했다. 나는 농담 삼아 용산 전자상가에 왔는지 일본에 왔는지 모르겠다고 할 정도였다. 이런 경험이 그저 스쳐지나가는 것들보다 기억에 더 많이 남는다고 생각한다.

나를 찾는 여정도 홀로 여행을 떠났다고 생각하며 나만의 속도로 가면 된다. 여행의 의미는 본인만이 아는 것이기 때문이다. 나만의 여행일지는 자기 재발견을 위한 최고의 질문에서 시작한다. 그 질문에 대한 답을 찾아가는 것이 셀프 리더십의 첫걸음임을 잊지 말자.

2

행복하게 세상과 소통하는 것이 무엇인지 찾아라
: 자기감정 리더십

24시간 동안 잠자는 시간을 빼고 하루에 오만 가지 감정을 느끼며 산다. 사회생활을 하면서 가면을 쓰고 나의 감정을 숨기고 살았다. 나는 문밖을 나가는 순간, 항상 친절하고 대화를 잘하는 사람이다. 사람들은 소위 말해 내가 '한 성질' 하는 성격의 소유자인 줄 모른다. 나의 남편과 자녀들만 알 수 있는 감정 표출들이 있다.

감정은 사람마다 느끼는 정도가 다 다르다. 어느 상황에 직면했을 때 어떤 사람은 불같이 화를 내지만, 어떤 사람은 평정심을 잃지 않는 경우도 있다. 사람마다 자신이 중요하게 생각하는 가치가 다르기 때문이다.

남편이 운전하는 차를 타고 백화점을 가고 있었다. 옆 차선에 있는 차가 깜빡이를 켜지 않고 우리 차를 거의 박을 정도로 밀고 들어왔다. 더욱이 옆 차의 젊은 남자는 자신의 잘못은 생각하지 않고 우리 쪽을 째려보며 한동안 멈춰 있었다. 남편은 갑자기 화를 내기 시작했다. 남편은 평상시에 화를 잘 내지 않지만, 불합리한 상황이 되면 무서울 정도로 화를 낸다. 나는 남편에게 세상에 다양한 사람이 있는데 누군지도 모르는 사람에게 괜히 내 인생을 걸지 말라고 했다. 가끔은 무시가 답일 때도 있다. 남편은 자신이 잘못을 하고 무대포로 행동하는 사람을 보면 화가 난다고 했다. 남편의 감정을 건드리는 가치는 인정과 예의바름이었다.

　　불합리한 상황에서 자신을 위해 언쟁을 할 경우, 자신의 감정을 최대한 드러내는 사람들이 있는가 하면 반대로 최소화하고 논리적으로 자신의 의견을 어필하는 사람들도 있다. 드라마에서 볼 수 있는 시장 아줌마들끼리 욕을 하며 싸우는 장면과 정장을 잘 차려입은 여성이 조리 있게 말을 하는 대립되는 장면을 볼 수 있다. 두 상황은 분노에 차 있는 상황이지만, 해결하는 방법은 후자가 세련돼 보인다. 하지만 누가 감정 해소를 더 잘했는지 우리는 알 수 없다. 갑자기 휘몰아치는 감정을 억누르기보다는 그 감정을 자신의 방법대로 현명하게 대처하는 법을 배우는 것이 중요하다.

감정을 느끼는 것은 잘못된 것은 아니다. 분노, 슬픔, 우울감 등 자신에게 찾아오는 모든 감정은 자연스러운 것이다. 그러나 내가 가진 감정을 지혜롭지 못하게 표출하는 순간 다른 사람에게 주는 상처는 제2의 문제를 발생시킬 수 있다.

사춘기를 겪는 아들과 문제가 발생할 때마다 나는 화를 참지 못하고 남편에게 전화를 걸었다. 내 화를 누군가에게 알려야 했다. 아들이 나만의 자식이 아닌데 왜 나만 이런 고통을 겪어야 하는지 남편에게 알렸다. 물론 세련되고 조리 있는 어조로 말할 수 없었다. 결국엔 남편과 다시 다툼이 되고 그날은 온 가족이 서로에게 상처로 남는 날이 되어버렸다.

가끔은 나 자신이 감당하기 힘든 감정이 찾아올 때도 있다. 우리는 어렸을 때부터 감정 조절이라는 훈련을 받아보지 못했다. 그래서 지금부터 자신의 감정을 현명하게 처리하기 위해서 감정 또한 내가 컨트롤한다고 생각하고 나 자신이 감정 리더가 되어야 한다. 감정 리더로서 자녀들에게도 감정 리더로 성장할 수 있도록 도와주어야 한다. 나의 감정을 현명하게 조절하기 위해 3가지 방법을 공유한다.

첫째, 내가 중요하게 생각하는 가치를 알고, 나에게 찾아온 감정을 인정해야 한다.

둘째, 감정이 발생하게 된 문제를 인식해야 한다.

셋째, 감정을 해결하기 위해, 포기해야 할 것과 선택해야 할 것을 결정해야 한다.

아이들이 어렸을 때 한동안 놀이터를 자주 나갔다. 놀이터를 가면 항상 나오는 아이들이 있다. 그 중에 흰색 옷을 입고 나오거나 결혼식에 가는 아이처럼 단정하게 옷을 입고 나오는 아이가 있다. 그에 반해 우리 아이는 항상 운동복을 입고 있었다. 그것도 사촌형에게 물려 입었기 때문에 한곳은 얼룩져 있었다. 단정하게 입고 온 아이와 같이 놀고 있으면 서울 아이와 시골에서 갓 상경한 아이 같았다.

하루는 비가 온 다음 날이라 미끄럼틀이 지저분했다. 우리 아이가 먼저 타고, 단정한 아이가 탔다. 그 순간 그 엄마는 불같이 아이에게 소리를 지르기 시작했다. "엄마가 나오기 전에 너한테 얘기했지. 흰 바지 입었으니깐 조심히 놀라고. 흰 바지 잘 지워지지 않잖아."

그 엄마가 소리를 지르는데 난 옆에서 속으로 이야기를 하고 있었다. '다 알고 있네. 흰 바지는 잘 안 지워지는 걸. 근데 왜 흰 바지를 입고 온 거야. 흰 바지를 안 입고 오면 되지.' 그 엄마의 핵심 가치는 단정함, 깨끗함이었다. 항상 그 엄마는 나에게 우리 아이들의 옷차림에 대해 이야기를 몇 번 했었다. 나는 손빨래를 하지 못하는 사람이라서 놀이터 올 때는 깨끗한 옷을 못 입힌다고 했다. 그 엄마는 그 감정을 지혜롭게 해결하기 위해 위의 3단계 과정을 거쳐서 조절하려면 다음과 같이 해야 한다.

우선 자신이 중요시하는 가치를 알아차리고, 감정을 인정하기다. 엄마는 자신의 핵심 가치인 단정함, 깨끗함을 위해 아이에게 흰색 옷을 입혔다. 그런데 아이가 미끄럼틀을 타면서 흰색 옷이 엉망이 되었다. (단정함이 깨지는 순간 화가 치밀어 올랐다. 문제 인식은 흰색 옷이 엉망이 되었다.)

그 후 문제 인식 단계로, 엄마는 똑같은 상황을 반복하지 않기 위해 포기해야 할 것과 선택해야 할 것을 결정해야 한다. 마지막으로 선택의 단계를 거쳐야 한다. 그 엄마는 단정함을 선택하면 놀이터에서 아이가 재미있게 노는 것을 포기해야 한다. 깨끗한 옷을 포기하면 아이는 모래 놀이 등 재미있게 놀 수가 있다. 다행히도 다음 날 엄마와 아이는 편안한 검정색 운동복을 입고 모래 놀이 통을 들고 나왔다. 아이들은 놀이터를 뛰어다니며 즐겁게 놀고 들어왔다.

내가 글로벌청소년협회에서 일을 할 때 영어로 회의를 했다. 캐나다를 다녀온 후, 20년 가까이 영어를 사용할 일이 많지 않았다. 일상적인 영어를 듣는 것은 크게 문제가 되지 않았지만 회의를 할 정도의 유창한 영어를 정확하게 전달하지 못했다. 프로그램 기획에 있어서는 크게 문제 되지 않았다. 그럼에도 자존심이 상했다. 디렉터로서 전체 기획 및 상세 프로그램을 기획했는데도 불구하고 외국인 자원봉사자들을 교육할 수 없었다.

내가 기획한 의도에 대해 정확하게 전달을 해야 할 때 통역이 필요한 경우들이 발생했다. 그러다 보니 몇몇 외국인들이 나를 무시하는 태도를 보이는 경우도 있었다. 그럴 수 있다고 생각했다. 세상엔 다양한 성격의 사람이 있으니 그 모든 것에 반응 할 필요는 없었다. 그때, 나는 3단계 감정 조절법을 사용했다.

첫째, 나의 핵심 가치는 존중이다. 외국인이 대화에 나를 참여시켜주지 않으면 나를 무시한다고 생각하며 기분이 나빴다.

둘째, 기분이 나빠 말을 하지 않으니 나와 편하게 대화를 시도하는 외국인은 없었다.

셋째, 외국인들이 나를 통해 배울 수 있는 방법으로 외국인을 위한 한국어 교원 자격증 공부를 시작했다.

나는 나에게 먼저 다가오는 외국인 친구가 아닌 이상 서로 공감하며 이야기를 나눌 수 있는 방법을 찾을 수가 없었다. 그들이 나를 무시한다고 생각한 것도 내 생각일 뿐일 수도 있다. 왜냐하면 내가 말을 하지 않았기 때문에 그들도 내가 어려울 수 있겠다는 생각을 했다. 그 해결법으로 나는 한국어 교육 자격증을 땄고 그 자격증을 통해 그들이 공감할 수 있는 대화의 시작을 열 수 있었다. 만약 내가 기분 나쁘다고 그런 자세로 앉아 있었다면 나의 일은 확장되지 못했을 거다.

감정은 때론 내 상황을 부정적으로 또는 긍정적으로 만들 수 있다. 모든 것은 나에게 달려 있다. 나의 모든 감정이 상대방과 성공적인 소통의 결과가 될 수 있도록 다양한 감정의 경험들을 해야 한다. 이를 통해 나만의 감정 관리 기술을 터득할 수 있는 감정 리더십을 발휘할 수 있다.

3

타인의 변화를 요구하지 말고, 나의 변화에 집중해라
: 자기변화 리더십

교육 기관에서 아이들은 사소한 문제로 다툼을 하는 경우가 자주 있다. 어른들 입장에서는 사소할 수 있지만 아이들에게는 굉장히 중요한 문제일 거다. 아이들이 아직 성숙하지 않으니 당연한 일이다. 아이들은 실수를 통해 성장하기 때문이다. 오히려 아이들의 작은 다툼은 문제 해결 능력을 키워줄 사례를 만들어 준다.

아이들의 다툼 후, 문제 해결을 위한 상담을 할 때 곤란한 경우들이 생긴다. 대부분이 문제에 대해 직면하지 않는다. 아이들은 가해자와 피해

자가 아니다. 그러나 아이들의 첫마디는 "쟤가 저한테 먼저 ~~했어요."
라며 친구의 행동으로 인한 결과라고 한다. 물론 일방적으로 말보다 손
이 먼저 나가는 행동을 하는 아이도 간혹 있기는 하다.

대부분은 쌍방의 문제로 다툼이 이루어진다. 문제를 인식하고, 자신의
감정을 아는 것이 우선이다. 그리고 친구를 때리지 않고도 문제를 해결
할 수 있는 방법은 많이 있다는 것을 아이들에게 먼저 알려준다. 때린 것
에 대한 부분은 나의 잘못된 행동이고 책임져야 한다고 알려준다. 누구
때문이라는 것으로 나의 나쁜 행동이 정당화될 수 없다는 것이다. 상대
방 친구에게 단호하고 정확하게 자신의 감정을 이야기하라고 한다.

우리 아이가 유치원에 입학하기 전, 여러 가지 상황을 만들어 보았다.
놀고 있는 장난감을 뺏기는 상황, 다른 친구가 가지고 놀고 있는 장난감
을 뺏는 상황, 친구의 발을 실수로 밟은 상황, 친구의 컵을 테이블에서
떨어트리는 상황 등 문제가 될 만한 상황들을 만들어 시뮬레이션을 해봤
다. 처음엔 부끄럽다며 못 하겠다고 하던 아이는 몇 번의 연습을 통해 목
소리가 점점 커지기 시작했다. 아직 미숙한 아이라 할지라도 변화를 원
한다면 연습과 반복을 통해 변화할 수 있다.

친구 희연이는 여직원이 많은 사무실에서 일했다. 희연이는 상사가 항
상 자신에게만 싫은 소리를 한다며 나에게 하소연을 했다. 희연이는 매
번 상사 눈치를 보느라 잘하는 일도 할 수가 없다고 했다. 여자들이 많이

일하는 사무실이라서 다들 언니, 동생 대하듯 편하게 대한다고 했다.

그녀는 입사한 지 몇 개월이 지났는데 자신보다 1년 정도 선배인 상사가 "도대체 일한 지 몇 개월이나 됐는데 아직도 일이 어설퍼요?"라며 자신한테 소리를 질렀다고 했다. 나는 아직도 이런 곳이 있구나 하는 생각도 했다. 희연이는 자신도 한마디 해주고 싶은 마음이 목구멍까지 나왔지만 아무 말도 못 했다. 그냥 "네네" 하며 일만 했다.

내가 아는 희연이는 일을 야무지게 잘하는 친구이다. 단지 희연이는 자신의 생각을 잘 표현하지 않는 조용한 친구이다. 희연이는 자신보다 더 늦게 입사한 동료가 있다고 했다. 그 동료는 말을 너무 잘하고 붙임성이 있어서 일은 숙달되지 않지만 자신처럼 혼나지 않는다고 했다. 아니나 다를까 희연이는 상사가 자신을 만만하게 보는 것 같다고 했다.

나는 그걸 알면서도 당당하게 자신의 의견을 말하지 못하는 희연이가 안타까웠다. 희연이는 어차피 나는 말을 잘 못하니깐 하면서 일을 그만두었다고 했다. 희연이는 참 좋은 사람이다. 세상에는 좋은 사람을 만만하게 보려고 하고 막 대하려고 하는 예의 없는 사람들이 많이 있다. 사람들을 거름망 위에 놓고 나를 이해하고 존중해 주는 사람만 걸러서 만날수는 없다. 내가 지혜롭게 나의 의견을 말하는 습관을 갖는다면 내 주변에 나를 존중하는 사람만이 남는다고 생각한다.

직장 생활을 하며 만난 동료 중 항상 3~5분 출근 시간을 지각하는 소이가 있다. 나는 시간 약속을 굉장히 중요하게 생각한다. 회식으로 술을 너무 많이 먹고 다음 날 아침에 출근을 못 할 거 같다는 생각이 들면 아예 새벽 일찍 출근을 했다. 출근을 하고 조퇴를 하는 것이 낫다고 생각을 했다. 어쩌면 지금 MZ세대들은 꼰대라고 할 수도 있다.

반면, 소이는 5일 중에 3, 4일을 매번 3~5분을 늦었다. 소이의 행동이 이해가 안 됐다. 몇 분 정도 늦을 거라면 본인이 조금만 일찍 준비해서 나오면 될 텐데 하는 생각이 들었다. 다른 동료들에게도 좋은 모습으로 보이지 않았다.

처음에는 화도 내보고, 설득을 해보기도 했다. 신문에서 명언을 오려서 주기도 했다. 그럼에도 불구하고 소이의 행동은 고쳐지지 않았다. 괜히 출근 시간이 다가오면 나만 더 초조해지고 불안해졌다. 어김없이 소이는 지각을 했다. 소이가 일을 못하는 것은 아니었다.

그래서 생각을 바꿨다. 소이에게 퇴근 마무리에 대한 책임을 맡겼다. 그 이후로는 나는 스트레스가 줄어들었다. 소이의 지각이 스트레스를 주는 것이 아니었다. 아침마다 다른 직원들의 눈치를 내가 살펴야 하는 경우가 생기게 되는 것이었다. 다른 직원들끼리도 농담 삼아 소이가 정시 출근을 하는지 내기까지 하고 있었다.

문제 해결을 위해서는 여러 가지 방법이 있다. 특히 단체에서 리더로 있다면 많은 일들을 결정할 때가 있다. 타인의 변화를 이끌어내야 하는 것 또한 리더의 몫이다. 세대가 많이 변했다. 내 방식만의 고집으로 타인의 변화를 고집할 수도 없다. 리더의 역할은 힘듦이 있다. 끊임없이 배우고 본인 스스로 트렌드에 맞게 변화를 시도해야 하는 것이 리더의 자세이지 않을까 한다.

나는 엄마이다. 아이들에게 내가 변화된 모습을 보여주기 위해 어떻게 해야 할까 고민한다. 주변 탓, 세상 탓만 하는 엄마가 아닌 스스로 문제를 찾고 변화되는 엄마의 모습을 지켜볼 수 있도록 하고 싶은 마음이다. 자기 변화는 작은 것부터 실천하고 지속성이 필요하다.

우선, 자기 확신으로 세상을 바라보는 자신감을 가져야 한다. 수많은 정보와 책들도 마구 쏟아지고 있다. 많은 정보와 책들 중에 나의 마인드를 튼튼하게 만들어 주는 것들로 선별해서 읽는다. 나에게 필요한 것을 선별하는 능력 또한 중요한 연습이다.

둘째, 세상의 트렌드를 알아야 한다. 나는 유튜브, 인스타 등 항상 보기만 하는 소비자의 입장이었다. 그러다 보니 핸드폰에 문제가 생기면 남편과 아이들에게 물어보았다. 이제는 이 모든 것들을 하나씩 배워가며 혼자서 해결할 수 있다. 세상의 트렌드를 모르면 세상과 단절되어간다는 것을 스스로 알아야 한다. 끊임없이 배워야 한다는 것을 깨닫게 된다.

셋째, 주변에 좋은 사람들과 만난다. 주변에 좋은 사람이 많다는 것은 내가 좋은 사람이라는 것을 말해준다. 매사 부정적인 시각으로 세상을 본다면 부정적인 마인드를 가진 사람들만 주변에 많을 것이다. 엄마들은 자녀들에게 좋은 친구를 사귀라고 말을 한다. 그 전에 내 자녀가 좋은 친구가 될 자격이 되는지 한번 확인해 보는 것이 좋다. 나는 아들들에게 너 자신이 어떤 친구인지 생각해보라고 이야기를 자주 한다.

우리는 문제를 나 자신이 아닌 타인에게 찾으려고 한다. 내 눈은 나를 보지 않고 타인을 바라보고 있기 때문이다. 그래서 나의 잘못보다 타인의 잘못이 더 쉽게 보이는 것이다. 문제를 계속 타인에게서 찾는다면 나의 주변에는 나와 함께하는 사람은 한 명도 남아 있지 않을 것이다. 뿐만 아니라, 나는 더 이상 성장하지 못한다. 모든 문제의 원인을 내 안에서 찾는 습관을 들인다면 나 자신이 변화하고 성장함을 느낄 수 있을 것이다. 그럴 때 진정한 자기변화 리더십이 발휘된다는 것을 잊지 말자.

4

스트레스는 고통이 아니라 사고의 전환을 주는 기회이다
: 성격 리더십

신학기가 시작하면 몇몇 학생들은 신학기 증후군이라는 말이 있을 정도로 스트레스를 심하게 받는다. 새로운 환경에 적응하지 못하고 불안 증세, 과민성 대장증후군 등 신체적, 정신적인 변화가 나타난다.

나이와 상관없이 유치원, 초등학교, 중학교, 고등학교 입학 등 새로운 환경에 마주할 때마다 스트레스를 받는다. 심한 아이인 경우, 매 학년이 바뀌면서 새로운 친구와 선생님이 바뀔 때마다 스트레스로 인해 불안장애를 겪는 경우도 있다.

이런 경우 엄마들은 우리 아이가 너무 예민하다며 함께 스트레스를 겪는다. 반면, 새로운 낯선 환경에 전혀 스트레스를 받지 않는 아이들도 있다. 오히려 새로운 친구들을 만나는 것을 기대하고 오매불망 그날을 기다리는 아이들도 있다.

예민한 아이를 둔 엄마들은 반대 성격의 아이들을 부러워하며 착하다고 말을 하는 경우도 있다. 스트레스에 대한 예민한 반응을 보고 무엇이 맞고 틀리다고 판단할 수는 없다. 개인이 가지고 있는 기질이 모두 다르기 때문이다. 그 기질은 태어나면서부터 가지고 있기 때문에 존중해 주어야 한다. 우리는 그 기질을 성격이라고도 부른다. 아이들의 성격은 상황에 따라 있는 그대로 표출된다. 환경의 변화가 부정적인 상황으로 인식되어, 아이들에게 스트레스로 작용한다. 그렇게 받은 스트레스는 부정적인 성격으로 표출된다. 부정적인 성격은 성장하면서 어떻게 관리하냐에 따라 스트레스를 긍정적으로 해결하는 능력을 키울 수 있다. 나는 이 해결 능력을 '성격 리더십'이라고 부르고 싶다.

나에게는 정반대의 성격을 가진 친구가 있다. 우선, A라는 친구는 모든 일에 완벽주의의 성향을 가지고 있다. 자신에게 주어진 일은 하나부터 열까지 완벽하게 잘하기 때문에 사람들은 A라는 친구와 함께 일하기를 원한다.

본인의 실수를 용납하지 않을 뿐 아니라 다른 사람의 실수도 찾아내서 수정해 준다. 나는 첫 사회생활을 할 때 A친구와 함께 일을 하면서 생각을 구조화하고 기획하는 법을 배웠다. A는 스트레스를 많이 받는 성격이라고 했다. 일을 시작하면 완벽하게 끝내야 한다는 생각만으로도 스트레스를 많이 받는다고 했다. 그러니 주변에 많은 사업자들이 함께 일하기를 원했다. 하지만 막상 본인은 할 수 없었다. 스트레스가 자신에게는 고통으로 다가오기 때문에 새로운 일은 도전이 아닌 또 다른 고통의 시작과 같은 것이었다. 그 친구는 프리랜서로 아이들 교재 기획 일을 오랫동안 하다가 그만두었다. 교재 기획도 점점 나이가 들수록 새로운 아이디어가 생각나지 않는다며 스스로 완벽하지 못한 모습을 용납하지 못했다.

우리는 목표를 이루기 위해 정신적, 육체적 불편함을 감수해야 한다는 것을 안다. 하지만 그 불편함이 나를 힘들게 할 때, 스스로 편안함을 찾으려고 한다. 나도 책을 써야겠다는 목표를 세우고 한 자 한 자 쓰면서 좌절될 때가 많았다. 그만둘까 하는 생각을 하루에도 몇 번을 했다. 그러다가 간절하지 못한 마음일 수 있겠다는 생각을 했다. 나의 상황들을 합리화시키며 포기하고 싶은 마음도 많았다. 그럴 때마다 목표 기한을 정하고 긍정 확언으로 매일 책상에 앉았다. 중도에 포기를 했다면 나의 책은 출간되지 못했고, 나 자신은 또 다른 도전을 하려고 시도조차 안 했을 거다.

우리 인생이 평지처럼 오르막과 내리막이 없으면 스트레스 받을 일도 없다. 오르막이 있으면 올라가느라 땀을 뻘뻘 흘리고, 내리막을 만나면 브레이크를 천천히 밟으면서 내려가기 위해 노력할 거다. 그런 과정에서 수많은 일들을 겪으며 긴장감을 느끼게 된다. 그 긴장감들이 새로운 목표 설정을 하는 계기가 될 거라고 생각한다.

하루는 설거지를 하는데 TV에서 익숙한 목소리가 들렸다. 바지를 열심히 팔고 있는 그 목소리는 나와 함께 일했던 친구였다. B라는 친구는 항상 소탈한 성격에 다른 사람의 부탁을 다 수긍해주는 편하면서도 우유부단한 성격처럼 보였다. 일을 할 때 실수가 반복돼서 여러 번 주의를 줬던 친구다. 그 정도면 스트레스를 받을 만도 했을 텐데 B친구는 밝은 목소리로 '네'라고 대답을 했다. 이야기하는 나만 스트레스를 받았다. 그 친구는 일을 하면서도 이것저것 다양하게 배웠다. 젊은 친구가 자신의 전공 분야와 다른 다양한 일들을 했던 기억이 난다. 가끔 어떻게 지내는지 궁금해서 연락을 하면 언제나 즐거운 목소리였다.

TV를 보고 오랜만에 연락을 취했다. 오랜만이었지만 어제 만났던 친구처럼 이야기를 나눴다. 쇼 호스트가 되기 위한 일련의 노력들을 들으면서 아무나 할 수 있는 직업은 아니구나 하는 생각을 했다. 친구 말로는 TV에 나오는 모든 사람들이 스트레스 없이 카메라 앞에 서는 것은 아니라는 것이다. 성격이 워낙 좋아서 TV 출연에 힘들어 보이지 않는 친구도 스트레스를 이기기 위해 무단한 노력을 했다.

그 친구는 자신의 경험들에 대해 이야기를 쏟아내기 시작했다. 처음에는 지하철에 타서 자신을 어필하는 연습을 했다. 비록 아무도 자신을 쳐다보지 않더라도 자신이 적어놓은 대사를 정확하게 전달하는 연습을 수십 번 반복했다. 처음엔 대사를 끝까지 마치기도 전에 주저앉아버리기도 하고 창피해서 얼굴을 가리고 울기도 했단다. 지하철에 앉아 있던 아주머니는 자신의 자녀 일처럼 박수를 쳐주시기도 했다.

결국 수십 번의 노력 끝에 스트레스를 극복하고 즐기게 됐다. 스트레스가 줄어들면서 친구는 성장을 했다. 만약 처음부터 스트레스가 동반하지 않았다면 수십 번의 실패의 과정이 성공의 발판이 되어주지 않았을 거다. 극복한 과정이 주는 기쁨을 잊을 수 없다고 했다. 친구와 연락을 한 후, 홈쇼핑을 보지도 않던 나는 그 친구가 TV에 언제 나오는지 채널을 돌리기 시작했다. 지금도 가끔 TV에서 친구를 보면 응원하게 된다.

스트레스는 고통으로 우리에게 다가온다. 고통을 대하는 우리의 태도에 따라 견딜 수 있는 힘이 생긴다. 누군가는 스트레스 지수가 높은 사람이라고 스스로 단정 짓는 경우도 있다. 만약 본인을 그렇게 생각한다면 힘든 삶을 살 수 있다. 왜냐하면 항상 고통 속에 사는 사람이기 때문이다. 내가 고통 속에 살고 있는 사람이고 싶지 않다면 스트레스를 '성장통'

이라고 생각해야 한다. 그렇게 생각할 때 성장하는 사람이 될 수 있다.

5

다양한 경험이 두려움을 이기는 성장의 씨앗이 된다
: 성장 리더십

나는 수영을 못 한다. 물을 무서워하기 때문이다. 어렸을 때 바다에 빠진 경험을 내 몸은 기억하고 있다. 그 기억은 나에게 두려움으로 다가온다. 두려움을 이기는 방법을 찾지 못했기 때문에 여전히 물 안으로 들어가지 않는다. 가족들과 휴가를 가면 나는 아이들의 물놀이 하는 모습을 보며 칵테일을 마신다.

큰아들이 2학년, 둘째 아들이 5살 때, 미국에 사는 언니네 집에 놀러 간 적이 있다. 긴 여름 방학 동안 조카들과 함께 할 수 있는 프로그램을 찾다가 수영 클래스를 등록했다. 미국에서 하는 첫 수영 수업에 아이들과 덩달아 나도 긴장했다. 수영장은 한국의 어린이 수영장처럼 세련되지 않았지만 3, 4살 되어 보이는 아이들부터 초등학생들까지 반별로 선생님들이 많았다. 외국 아이들 사이에 부끄러운 듯 손을 만지작거리는 동양 아이들은 우리 아이들밖에 없었다. 역시 미국에서도 시골이어서 그런지 동양인들이 많지 않았다.

준비 운동이 끝난 아이들은 선생님과 뭐라고 이야기를 주고받더니 한 명씩 선생님과 함께 다이빙 보드 위로 올라갔다. 한 명의 선생님은 물 안으로 풍덩 들어가셨다. 아들은 선생님 말을 알아들었는지 잘 모르겠지만, 높은 다이빙 보드 위에 계신 선생님과 함께 서 있었다. 수심도 매우 깊었다. 내가 놀라는 순간 아들은 뛰어내렸고 물속으로 빨려 들어갔다. 몇 초 뒤 물속에 계시던 선생님은 아들이 물 위로 올라올 수 있도록 도움을 주셨다.

첫 수업에서 아들은 물속으로 빠져 들어가는 순간 죽겠구나 하는 두려움이 생겼다고 했다. 그 순간 선생님이 밑에서 손으로 몸을 받쳐주시고 몸이 위로 올라가면서 어떻게 해야 하는지를 알 것 같다고 했다. 첫 수업은 이렇게 물에 대한 두려움을 극복하는 시간을 갖게 됐다. 물론 선생님의 도움으로 이루어졌다.

며칠 동안 아이들은 두 번째 수영 시간을 기대했다. 차츰 수영 시간이 늘어나면서 수심이 깊은 물에서도 혼자서 뜨는 자세가 나오기 시작했다. 기술을 먼저 배우는 것이 아닌 기본을 배운다는 것을 알았다. 아이들은 수영에서 물의 두려움을 극복하고 물속에서 어떻게 하는지 기본을 배운 것이다. 아이들은 경험에서 배운 수영으로 휴가 때마다 즐거운 물놀이를 할 수 있게 되었다.

매 순간 두려움이 생긴다. 결혼을 안 한 친구는 결혼을 못 할까 봐 두렵다. 임신을 하니 태아가 건강하게 태어나지 못 할까 봐 두렵다. 아이가 태어나니 공부를 못 할까 봐 두렵다. 아이가 결혼 적령기가 되니 결혼을 못 할까 봐 두렵다. 결혼을 하니 집을 못 살까 봐 두렵다. 이 모든 것은 경험하지 못한 앞으로 일어날지도 모르는 일들에 대한 두려움이다.

두려움을 극복하고 결혼을 해보니 다음 생에는 혼자 산다고 한다. 첫째를 낳고 아이는 이제 안 낳는다고 한다. 어느덧 둘째, 셋째를 낳는다. 아이가 공부를 못하니 세상이 변해서 공부만이 살길이 아니라고 말한다. 결혼을 한 사람들을 보니 신경 쓸 게 너무 많아서 혼자 즐겁게 사는 것도 괜찮다고 한다. 남들 집 살 때 못 샀는데 갑자기 집값이 엄청 떨어지고 금리가 올라서 차라리 집을 안 산 걸 다행이라고 생각한다. 사람들은 자신들이 경험을 해보고 지금의 상황을 이해하기 시작한다. 경험은 자신이 보지 못한 세상에 대한 두려움을 극복할 수 있는 힘을 주기도 한다.

나는 컴퓨터를 잘 못했다. 기계치라고 생각했다. 노트북에 에러가 나면 남편이 퇴근할 때까지 기다리거나 AS센터를 갔다. AS센터를 가서 헛걸음한 적이 한두 번이 아니다. 껐다가 다시 켜니 정상 작동이 됐다. 노트북이 사람을 가려서 고장 나는 것도 아닌데… 지금까지 SNS를 하려고 생각한 적이 없다. 요즘처럼 온라인이 활성화되어 있는 세상에서 살면서 트렌드에서 벗어나는 발상이다.

1인 기업으로 나만의 사업을 해야겠다고 마음을 먹은 후부터 영상 편집도 배우고, 컴퓨터 활용 등 온라인으로 하는 모든 것들에 대해 배우기 시작했다. 오프라인 강의에 익숙한 시대에 일했던 사람이 온라인 강의에 익숙해지는 데 시간이 필요했다. ZOOM을 켜고 카메라에 비치는 내 얼굴이 너무 어색했다. 온라인 세상에서 하는 모든 경험들이 새롭고 조심스러웠다. 시간이 지날수록 나의 생각도 유연해지기 시작해졌고 여러 유명한 강사들의 온라인 강의를 들으면서 온라인 강의 방식과도 친해지기 시작했다.

온라인과 친해지고 난 후, 내가 기획한 첫 온라인 강의도 시작했다. 온라인 강의 전 시뮬레이션을 많이 돌려 보았다. 강의 때 혹시라도 컴퓨터 조작을 잘못해서 실수하면 어떻게 할까 하는 두려움과 긴장도 강의를 하면서 사라졌다. 시도조차 하지 않았다면 지금도 나는 이 시대의 트렌드를 따라가지 못하는 중년의 아줌마로 살아가고 있을 거다.

무언가 첫 시도를 한다는 것은 나이가 많든 적든 어려움으로 다가온다. 알아가는 과정 속에서 우리는 중간에 지속할지 포기할지 결정한다. 속도에 연연하지 않고 내가 지금 시작했다는 것에 의미를 두고 꾸준하게 한다면 성장의 열매는 열릴 거라고 생각한다.

우리 가족은 해외여행을 가면 돈을 아끼지 않는 편이다. 돈을 펑펑 쓴다는 얘기가 아니다. 해외여행은 자주 갈 수 있는 것이 아니기 때문에 그 나라에서 할 수 있는 것들은 꼭 하려고 한다. 기회가 오면 경험을 한다는 생각으로 우리 가족은 여행을 한다. 여행 간 나라에서 먹을 수 있는 로컬 음식도 놓치지 않고 먹어 본다. 아이들이 할 수 있는 특별한 경험들은 가능하면 하려고 한다. 그 나라 쇼핑몰에 가서 아이들에게 정해진 돈을 주고 자신들이 사고 싶은 것들을 스스로 구입할 수 있는 쇼핑의 기회도 준다. 아이들은 일본, 미국, 베트남 등 그 나라의 언어로 소통이 안 되어도 어떻게든 자신이 사고 싶은 물건을 산다.

한번은 둘째 아들이 망고 아이스크림 간판 그림을 보더니 먹고 싶다며 가게로 들어갔다. 베트남어를 못 하는 아들은 광고판을 가리키며 주문을 했다. 우리는 한입씩 나눠 먹는 순간 다 같이 웃음이 터졌다. 두리안이었다. 썩은 양파 냄새가 입안에서 진동을 했다. 우리 가족은 이날 이후로

두리안의 오묘한 맛을 알 수 있었다. 아들은 자신의 돈만 없어졌다고 억울해하며 나에게 돈을 다시 달라고 떼를 썼다. 나는 주문을 할 때 확인하지 않고 아이스크림을 구매한 아들의 잘못이라고 했다. 나는 망고 아이스크림을 사서 우울해 하는 아들과 함께 나눠먹었다.

경험이 성공으로 끝나지 않는 경우도 있다. 아들의 경험이 그렇다. 비록 아들은 자신이 원하는 것을 사지 못했지만 다음에 물건을 구매할 땐 재확인을 할 거다. 자신이 사는 물건이 정확한지 말이다. 두 아들은 다른 사람에게 질문을 하는 것에 어려움이 없다. 자신들이 무엇인가 얻어야 한다는 목표의식이 있다면 끝까지 질문을 한다. 어렸을 때부터 다른 사람들과 대화를 하며 문제를 해결해본 경험의 결과라고 생각한다.

지금 내가 할 수 있는 모든 경험들이 가치 있다고 생각하자. 그 경험들의 결과가 실패일지 성공일지는 중요하지 않다. 경험 자체가 나의 성장의 거름이 될 거라고 생각한다. 다양한 경험들이 하나하나 모여 연결이 되고 새로운 아이디어들이 창출된다. 그런 경험들을 통해 두려움을 극복하고 새로운 성장으로 이끄는 성장 리더십을 키울 수 있다.

결국 인간은 사회적 관계를 맺고 살아가야 한다
: 관계 리더십

인간은 태어나는 순간 처음으로 부모와 자식이라는 관계를 맺는다. 그 후에도 성장하면서 끊임없이 타인과의 만남을 통해 사회적 관계망을 이루며 살게 된다. 죽을 때까지 인간은 사람을 통해 성장하고 관계로 인해 스트레스를 받는다. 인간관계에서 스트레스 받지 않기 위해서는 나와 타인의 관계 균형을 잘 이루어야 할 것이다. 나와 타인에 대한 균형은 존중과 인정이다. 존중과 인정이 바탕이 되는 관계는 서로에 대한 신뢰를 갖게 된다. 신뢰가 바탕이 되어야만 지속 가능한 관계가 된다.

나는 사람을 잘 믿는 성향이 아니다. 낯선 사람과 자연스럽게 말을 하고 대화를 잘 하지만 친해지는 데 시간이 오래 걸린다. 상대방의 가치관과 태도를 본다. 상대방과 친해졌다고 무례하게 행동한다면 나는 더 이상 가깝게 지내지 않는다. 언젠가 나에게도 무례함을 보일 것이기 때문이다.

커뮤니티에서 만난 지적이고 세련된 H라는 여자분이 계셨다. 모든 멤버들에게 조금은 과할 정도로 친절하고, 모든 일에 솔선수범했다. 새로 들어온 멤버가 어색할까 봐 먼저 가서 말을 걸어주고 다른 사람에게 소개시켜주며 어색함을 풀어주었다. 자선 행사가 있던 날 그녀의 이중적인 모습이 나에게 들키고 말았다.

다른 사람들에게 세상 친절한 사람이 주차장에서 주차 관리자와 실랑이가 있었다. 주차 관리자가 잠시 자리를 비운 사이에 그녀는 주차장에서 나가려고 했다. 그 주차장은 주차 관리자가 직접 문을 열어주는 시스템이었다. 그녀는 차 안에서 몇 분을 지체했던 모양이다. 그러자 그녀는 자신은 바쁜 사람이라고 말하며 화를 내더니 주차 관리자에게 짜증을 내기 시작했다.

그 모습을 보는 순간, 그녀의 친절한 모습은 기억에서 사라졌다. 짜증을 내는 모습이 그녀의 전부를 보여주는 것은 아니지만 커뮤니티에서 자신의 감정을 보여주지 않고 묵묵히 일만 하는 그 모습이 왠지 짠해 보였다. 커뮤니티에서 그녀는 여러 사람과 관계를 형성하기 위해 노력해왔던 것이다. 하지만 때와 장소, 사람에 따라 자신의 감정을 숨기며 관계를 이어가는 것이 과연 오래 갈 수 있을까 하는 생각이 든다.

모든 사람에게 친절하고 인정받기 위해 가면을 쓸 필요는 없다. 내가 할 수 있는 만큼 친절을 베풀면 된다. 내가 필요 이상 상대방에게 친절을 베풀고 있다면 자신에게 질문을 해 보자. 내가 상대방에게 무언가 원하는 것이 있는지, 내가 상대방에게 인정을 받고 싶은 것이 있는지 말이다. 나는 아무 의미 없는 친절이라고 말하지만 상대방은 모든 것을 느끼고 있다. 정말 눈치 없는 사람은 모를 수 있지만, 그것도 또한 그들의 몫이다. 모든 관계는 서로에게 바라는 것이 없을 때 조건 없는 친절이 나온다. 조건 없는 친절함이 나올 때 비로소 진정성 있는 나의 모습으로 지속된 관계를 이어갈 수 있는 거라고 생각한다.

남편과 오랜 연애를 하고 결혼을 했음에도 항상 조건이 붙었다. 서로 '나는 이 정도 하는데 너는 왜 안 하니?'로 말이 끝났다. 내가 힘든 만큼 너도 해주길 바란다. 내가 시댁에 드리는 용돈만큼 친정에 주길 원한다. 내가 시댁에 일주일에 한 번씩 방문하면 친정에도 방문 횟수가 똑같아야 한다고 생각한다. 이렇게 조건을 맞추면서 관계를 지속한다는 것은 서로에게 피곤한 일이다. 하루는 남편이 나에게 생일 선물을 사주며 본인은 생일 선물을 못 받은 지 오래된 것 같다고 했다. 나는 남편에게 '이번 생은 베풀어야 하는 생이구나.' 하고 생각하고 다음 생에 더 예쁘고 선물을 많이 주는 여자를 만나라고 했다.

우리 부부도 남들처럼 많이 싸우기도 했지만, 20년 가까이 살면서 비슷해진 구석은 하나도 없다는 것을 서로 인정하는 순간 서로에게 바라는 것이 없어졌다. 바라는 것이 없으니 싸우는 일도 줄어들게 되었다.

나에게 연령대가 다른 친구 두 명이 있다. 한 명은 60대이고, 한 명은 30대이다. 강아지를 키운다는 공감대로 우리는 친해졌다. 서로 나이가 다르지만 언니 동생으로 지내며 세련되게 개인을 존중하며 만난다. 함께 식사를 마치면 다 같이 카드를 꺼내서 더치페이를 한다. 서로 이야기를 나누면서도 yes/no가 확실하다. 자신의 의견이 확실하다는 거다. 자신의 의견을 정확하게 이야기하니 오해를 삼을 만한 일도 없다.

사회에서 만난 사람일수록 서로의 속내를 알지 못해 상처를 받는 경우가 많다. 나 자신이 상처를 받지 않기 위해서는 정확하게 자신의 의사를 표현할 줄 알아야 한다. 자신을 정확하게 표현할 줄 아는 사람을 사람들은 흔히 "세다"라고 표현하기도 한다. 이렇게 말하는 사람은 자신이 그러지 못하기 때문에 부러움에 말하는 경우도 있다. 나는 제대로 자신의 의견을 말하지 못함으로써 관계가 망가지고 난 후 걱정하고 속상해하는 것보다 낫다고 생각한다.

관계 맺기는 의외로 단순하다. 나의 생각을 존중해주는 사람만이 내 옆에 남는다고 생각하면 된다. 나의 자존감이 높아야 좋은 인간관계를 형성할 수 있다. 관계 형성은 한 방울의 물감이 물에 떨어져서 퍼지는 효과가 있다. 한 방울의 물감이 깨끗한지 탁한지에 따라 양동이의 물 색깔은 결정될 것이다.

내 옆에 사람이 없다는 것은 참 슬픈 일이다. 인생의 성공 목표가 돈이라고 생각해 보자. 일확천금을 벌었을 때 그 가치를 함께 누릴 수 있는 사람이 옆에 없다면 얼마나 허무할까? 내가 힘이 들어 잠시 고개를 숙이고 눈물을 지을 때 어깨에 손을 올려주며 나에게 힘을 줄 수 있는 사람이 한 명도 없다면 불행한 삶이다.

2022년 카타르 월드컵을 보며 사람들은 손흥민이 많이 운다고 이야기를 한다. 손흥민은 경기에서 패해서 슬플 때도 울고, 이겨서 기쁠 때도 운다. 얼마나 자신의 감정에 솔직한지 모른다. 나는 그만큼 자신에게 최선을 다했기에 나오는 가치 있는 눈물이라고 생각한다. 경기가 끝나고 상대 선수들이 울고 있는 손흥민의 어깨를 다독여주는 모습이 TV를 통해 많이 나온다. 경기에서 진 상대 선수는 축하의 메시지를, 이긴 상대 선수는 위로를 하기 위해 손흥민에게 갔다.

방송에서는 이 모습을 스포츠 정신이라고 말하지만, 나는 손흥민이 만들어낸 관계의 리더십이라고 본다. 그들에게 손흥민은 축구에 대한 긍정적인 가치 이상의 열정을 보여줬고, 그들은 손흥민의 그 열정을 존중하는 태도에서 나오는 모습이라고 생각한다.

사람은 둘이 하나보다 낫고 셋이 둘보다 낫다. 자신의 가치관을 존중해주는 튼튼한 그룹을 만드는 것은 본인에게 달려 있다. 지금 이 순간 내 필요에 의해서 사람과의 만남을 피하고, 참된 가치를 서로 공유할 수 있는 관계를 맺는 것은 어떨까? 한 명의 만남이 한 방울의 물감처럼 나에게 좋은 관계를 만들기 위해서는 나 스스로가 물감을 선택할 수 있는 안목을 갖고 있어야 한다. 좋은 관계에 필요한 안목을 갖기 위해 시야를 넓히고, 열린 마음으로 세상을 바라봐야 할 것이다.

7

나의 가정경제도 모르면서 경제적 자유를 외치지 마라
: 경제 리더십

나는 큰언니와 나이 차이가 14살이 난다. 그러다 보니 나의 어린 시절엔 언니들이 겪은 가난이 없었다. 아빠가 중년의 나이로 나를 낳았기 때문에 경제적으로도 안정적이었다. 그렇다고 부자였다는 것은 아니다. 마당 있는 2층 집에 내 방을 갖고 있을 정도였다. 물론 책에도 언급했지만 군인 월급으로 일궈낸 부모님의 노력이었다. 현재 나는 그렇게 살지 못하고 있으니 어린 시절 부유하게 살았다는 생각이 든다.

어렸을 때 친구 집에 놀러 갔다. 그 친구 아버지는 사업을 하셨다. 친구

집은 으리으리한 저택 같은 느낌이었다. 음악이 흘러나오는데 스피커가 얼마나 좋은지 집에서 듣는 소리와 다르게 들렸다. 친구는 주말에 제주도로 여행을 자주 갔다. 계획된 여행도 아니었다. 언니들 중에 누군가 제주도를 가고 싶다고 하면 아빠가 비행기 티켓을 끊고 가족들이 다 같이 갔다 왔다. 우리 가족은 계곡 한 번 가는 것도 힘들었는데 상대적 빈곤이었다. 부럽다고 생각하지는 않았다. 그런 집도 있구나 하고 생각했다.

내가 초등학교 입학 전에 목동이 재개발이 되면서 아파트가 들어서기 시작했다. 엄마는 목동으로 이사를 가고 싶어 했다. 부동산 안목이 있었던 엄마는 마지막 종착지를 목동으로 생각했던 것 같다. 하지만 군인이었던 아빠 때문에 자주 이사를 했던 언니는 더 이상 이사를 하면 자신은 죽어버리겠다고 했다. 이사를 자주 하면서 학교 적응에 힘들어했던 언니를 엄마도 무시할 수 없었던 모양이었다. 엄마는 언니의 무서운 말 한마디에 화곡동에 터를 잡고 집을 짓고 살게 되었고, 마지막 집이 되었다. 지금까지 우리는 목동으로 이사를 갔으면 우리 집안도 부동산으로 돈을 좀 벌었을 거라고 이야기를 한다.

나는 엄마를 닮았을까? 어렸을 때부터 돈에 관심이 많았다. 5층짜리 건물을 짓고 살고 싶었다. 버스를 타고 청담동으로 출퇴근을 할 때마다 건물들이 눈에 들어왔다. 건물이 허물어지고 다시 지어질 때 어떤 매장이 들어오는지 관심이 많았다. 거리를 걸으면서 상점들과 아파트들을 그냥 지나친 적이 없었다. 내가 살고 싶은 동네 부동산 앞을 지나갈 때는 아파트 시세들이 얼마인지 체크를 하며 관심을 가졌다. 하지만 현재 돈이 없다고 생각하고 아파트를 매매하기 위한 실질적인 실행으로 옮긴 적은 없었다. 그저 보기 좋은 떡만 구경하는 구경꾼일 뿐이었다.

나는 암묵적으로 부자가 될 거라고 생각했다. 재테크에 관심이 많았기 때문이다. 경제 도서도 나름 읽었다. 월급을 받으면 저축도 잘했다. 꾸준히 저축을 하면 언젠가는 나에게도 기회가 올 거라고 생각했다. 남편과 나는 열심히 살았다. 남편 연봉이 조금 오르면 아파트 가격은 천정부지로 올라가고 아이들이 클수록 학원의 교육 시간도 늘어났다. 시간이 길어지면서 사교육비는 더 들어갔다. 점점 힘이 빠졌다.

주변에 아들 친구들이나 내 친구들 중에 자기 집이 없는 사람들이 없었다. 마음 편히 도와 달라고 부탁할 수 있는 부모님이 계시는 것도 아니었다. 남편과 내 힘으로 이뤄내야 하는 이상 주변의 도움은 없다고 생각하는 것이 내 마음은 더 편했다. 내 집 장만을 포기해야 하나 생각했다. 평생 내 집도 없이 살다 죽는다고 생각하니 우울한 마음이 들었다.

나도 내 집을 예쁘게 꾸미면서 살고 싶었다. 아이들의 사교육을 줄여야 하나 생각했다. 영어와 수학 두 개를 보내고 있는데 무엇을 줄여야 하지 고민을 했다. 자식을 셋이 아닌 둘만 낳은 걸 다행이라고 생각했다.

그럼에도 절약하면서 살면 '언젠가는 우리에게도 경제적인 자유가 오겠지.'라는 막연한 기대라는 것을 하고 있었다.

그러나 2020년 부동산이 갑자기 두 배씩 오를 때 남편과 나는 뒤통수를 얻어맞은 것 같았다. 벼락 거지라는 말이 유행할 때 나한테 하는 말처럼 들렸다. 절약하고 노력하면 경제적인 여유를 가질 수 있다는 생각은 잘못된 생각이었다. 잘나가는 연예인들처럼 돈을 벌거나 유산을 많이 받지 않는 이상 나의 자산은 세상을 따라갈 수 없다. 시대는 빠르게 변하고 자본주의 시장의 법칙이 있는데, 우리 수준에서 생각하고 있었다. 우리는 우리가 보고 싶은 것만 보고 듣고 싶은 것만 들으며 한마디로 금융 문맹자이면서 경제적 자유를 외친 도둑놈 심보였던 것이다.

나는 늦었다고 생각하지 않고 돈 공부를 시작했다. 우선 내가 할 수 있는 경제 공부 중에 부동산 공부를 선택했다. 부동산 공부 중에서도 나는 집이 없기 때문에 청약 공부를 먼저 시작했다. 결혼을 하면서 남편 명의로 청약 통장을 개설했다. 누구나 청약 통장은 하나씩 가지고 있을 거다. 은행에 가서 개설만 하고 이체만 했지 청약에 관련된 용어와 이용 방법에 대해 한 번도 공부한 적이 없었다. 당연히 무지했다. 청약을 어떻게 하는 건지도 몰랐다. 부동산에 관심이 많다고 말만 했지 정작 관련된 세금, 정책 등 내가 알고 있는 내용이 하나도 없다는 것을 깨닫고 반성하게 됐다.

2020년~2021년 아파트 분양 모델하우스를 혼자서 찾아다녔다. 예전 같으면 아파트 타입 중 판상형, 타워형이 무슨 뜻인지도 모르고 지나갔을 것이다. 인터넷으로 청약 신청을 해보기도 했다. 당시에 워낙 청약이 붐이어서 당첨 점수가 상당히 높았다. 예상대로 떨어졌지만 이런 경험들이 하나씩 쌓이면서 청약이라는 경험이 노하우가 되었다. 이런 노하우가 주변 지인들에게 알려주는 지식 정보가 되는 경우가 될 때도 있다. 나는 청약을 시작으로 경제에 관심을 더 갖게 되었다.

첫 시작을 발판으로 경제 공부를 하고, 경제적인 자유를 얻고 싶은 꿈이 생겼다. 구체적인 비전을 나의 다이어리에 적었다. 비록 나는 부모님한테 경제 교육을 받지 못했지만, 내 자녀들은 좀 더 젊었을 때 돈과 친해졌으면 하는 바람이다.

누구나 부자가 되고 싶어 한다. 경제적인 자유가 생긴다는 것은 나에게 시간적인 자유가 생긴다는 것과 같다고 생각했다. 시간적 자유란 나의 생활을 내 의지로 컨트롤할 수 있다는 것을 의미한다. 내가 배우고 싶은 것을 배우고, 내가 가고 싶은 곳에 갈 수 있으며 내가 해 보고 싶은 일들을 할 수 있는 도전적인 인생을 살 수 있는 그런 삶을 그려본다.

그러기 위해서 돈에 대해 공부하고, 배움을 멈추면 안 된다. 배운 것들을 돈으로 다시 재창출해야 한다. 이런 사이클을 만들기 위해 나를 움직

이게 만들어야 한다. 배움이 제자리에 머물지 않고 자산이 될 수 있도록 시스템을 구축해야 한다. 시스템을 구축하기 위해 배움과 성장을 멈춰서는 안 된다.

경제적 리더십을 갖춘다는 것은 현재 나의 가정경제를 챙기는 것부터 시작한다. 그 후 경제적인 자유를 위해 노력하다 보면 그 여정 자체가 행복이 될 것이다.

5장

엄마 독립하라! 자신의 인생을 찾아라!

1

독립을 준비하는 엄마는 미래를 꿈꾼다

엄마가 담당하고 있는 일은 결코 쉬운 일이 아니다. 엄마를 직업으로 표현한다면 많은 일에 책임을 지고 있다. 내가 낳은 자녀들이 올바르게 자립해야 한다는 책임감으로 때론 스트레스와 불안으로 고통받을 때도 있다. 성인이 되어서도 그들이 좋은 직장을 갖길 원한다. 결혼을 하면 끝날 줄 알았던 관심들이 끊임없는 걱정들로 꼬리에 꼬리를 물고 있다.

엄마는 자녀를 낳는 순간부터 자녀의 심리적, 육체적 모든 부분에 대해 책임의식을 갖는다. 오롯이 자녀를 바라보며 그 책임을 다한다는 것이 어떤 의미인지 충분히 알 수 없기에 엄마의 역할에 대한 불안감을 가질 수 있다. 그 기준을 어느 누구도 정해주지 않았기 때문이다.

자녀에 대한 스트레스와 불안을 해소하는 방법은 무엇일까? 나는 엄마 스스로의 행복을 설계하는 거라고 말하고 싶다. 사람과 상황을 통한 행복이 아닌 나 자신이 스스로 행복을 설계하는 엄마, 인간이 만들 수 있는 행복을 목표로 설계하는 것이다. 행복으로 단단하게 기초 공사를 한다면 어떤 상황에서도 쉽게 무너지지 않을 거다. 단단한 기초 공사를 통해 멋진 건물이 올라가듯, 행복에 대한 기준이 단단하다면, 멋진 꿈이 생길 것이다. 행복한 엄마가 꿈꾸는 새로운 제2의 인생을 설계하게 될 것이다.

당신의 꿈은 무엇입니까? 자녀들에게 꿈이 무엇이냐고 많이 물어본다. 매 학년이 올라갈 때마다 꿈에 대한 조사를 한다. 흔히 꿈을 생각하면 직업을 생각하게 된다. 의사, 변호사, 교사…. 우리가 알고 있는 많은 직업 중 일부이다. 하지만 꿈은 단어로 정의를 내리기 힘들다. 수많은 직업이 꿈이 될 수 있지만 꿈은 직업이 될 수 없다. 직업은 정년퇴직이 있기 때문이다. 반면, 꿈은 정년이 없다.

우리의 꿈을 한 단어로 정의를 내리지 않고 서술어로 표현해 보면 어떨까? 더욱이 전업 주부에게 '당신의 꿈은 무엇입니까?'라고 물어보자. 그들에게 의사, 수의사처럼 직업을 말한다는 것은 굉장히 예외적인 일이다. 하나의 전문 직업을 갖기 위해 수년 동안 공부를 해야만 하고 전문가가 되기 위한 노력이 필요하다는 것을 알고 있기 때문이다. 꿈은 도전이고 진정으로 내가 원하는 것을 표현하는 것이다. 나 자신이 무엇을 진정으로 원하는지 스스로에게 질문을 해보자.

몇 년 전 tvN 〈유 퀴즈 온 더 블럭〉 방송에 충청도 할머니들이 나왔다. 충남교육청에서 진행하는 문해 교육 프로그램을 통해 글을 배우는 할머니들이었다. 일반 할머니들이 유명한 프로그램에 나올 정도라면 어떤 스토리가 있을까 궁금해서 시청하게 되었다. 옆집 평범하게 보이던 할머니들은 요리책을 출판한 작가들이었다. 글도 모르는 할머니들이 책을 출판했다. 글을 배우지 못한 할머니들이 들려주는 스토리들은 마음을 짠하게 만들었다. 전쟁으로 배움을 놓친 할머니, 여자는 공부하면 안 된다 등 여러 가지 이유로 글을 배우지 못했다.

연로한 나이에 글을 배우기 위해 연필을 잡고 한 자 한 자 쓰기 시작하셨다. 글을 배우니 간판도 읽고 편지도 쓸 수 있다고 좋아하셨다. 글을 배우는 것이 꿈이었던 할머니들이 책을 썼다. 책 제목은 『요리는 감이여』다. 삐뚤삐뚤한 할머니들의 글씨체로 쓴 책이다. 컴퓨터의 예쁜 폰트로 적히지 않아 더욱 정감이 가는 책이다. 수많은 요리책은 정량을 정해서 알려준다면 할머니들의 책은 제목 그대로 감으로 배우는 책이다. "요리는 레시피를 따르는 것이 아니라 감으로 하는 것이여."라고 쓰여 있다.

이 책에는 할머니들의 삶이 그대로 묻어 있다. 할머니들의 꿈은 처음부터 책을 쓰기 위해 글을 배운 것이 아니다. 그저 글을 읽고 싶은 마음뿐이었다. 지금 우리에게 글을 모른다는 것은 전혀 이해가 안 가는 일이다. 우리의 생각으로는 하찮은 꿈일지 모른다. 글을 쓰고 읽기 위한 꿈을 꾸는 할머니들은 글을 알고 쓸 줄 아는 우리보다 더 창의적인 일을 하게 된 거다. 할머니의 꿈은 작가가 아니었다. 할머니의 꿈은 글을 읽는 것 뿐이었다. 그 꿈이 작가로 만들었고 유명한 방송에 출연까지 했다. 한 할머니의 새로운 꿈은 글을 모르는 사람을 가르치며 봉사를 하고 싶다고 하셨다. 작가가 된 할머니의 꿈은 현재 진행형이다.

제2의 인생을 위해 나는 어떤 꿈을 꾸고 있는가? 꿈을 이루기 위해 나는 어떤 준비를 하고 있는가? 각자 자신들이 생각하는 꿈은 다 다르다. 그 꿈의 가치는 어느 누구도 평가할 수 없다. 내가 지금 꿈이 없다면 자신이 행복한 삶을 살고 있는지 질문해 보자. 사람들은 타인의 삶을 보고 부러워한다. 성공한 사람들의 모습을 보면서 나 자신은 여러 상황들 때문에 할 수 없었다는 핑계를 대고 있을지 모른다.

꿈을 꾼다는 것은 자면서 꾸는 꿈처럼 막연하고 잠에서 깨면 사라질 수도 있다. 꿈속에서 나는 무엇이든 다 할 수 있다. 억만장자가 되고, 세계 일주를 하고, 외국인을 만나서 의사소통을 영어로 유창하게 할 수도 있다. 이런 모습이 현실에서 이루어지기 위해 우리는 꿈을 구체화해야 한다. 꿈 속에서처럼 한순간에 억만장자가 될 수는 없다. 불확실한 일에 노력 없이 얻고자 하는 것은 도박과 같다.

우리가 소망하는 꿈에는 단계가 있다. 어린아이가 대통령이 되고 싶다는 꿈을 꾼다고 바로 이루어지는 것은 아니다. 첫 단계로 지금 당장 할 수 있는 꿈, 1년, 3년, 5년 기간을 정해서 꿈을 구체화하고 기록해보자. 사람들은 자녀를 잘 키우는 것이 엄마의 꿈이라고 이야기한다. 물론 자녀를 잘 키우는 것 또한 엄마의 꿈이다. 왜냐하면 좋은 엄마가 되기 위해 노력하는 것 또한 선택이 아닌 의무이기 때문이다.

그 의무와 더불어 나 자신에게 집중하기 위해 나 자신을 살펴보자. 훌륭한 엄마가 된다는 것은 가족에 대한 의무와 자신의 성장을 위한 시간에 대한 균형을 이루는 것이다. 엄마 자신이 성장하는 모습을 바라보는 자녀들은 감사함을 느낄 수 있다. 자신에게 집중하는 시간을 갖지 못하는 엄마들은 타인에게 집중하게 되어 있다. 그 타인이 남편, 자녀일 수 있다. 오롯이 자녀의 성공이 자신의 성공이라고 생각하는 엄마들도 있을 것이다. 자녀의 성공을 위해 자기 자신을 포기하는 모습을 자녀에게 보여주지 말자. 자녀는 부모에게 빚을 진 사람으로 생각할 수 있다. 빚을 진 사람은 빚을 갚기 위해 행복한 관계를 맺기 힘들다. 자녀와 행복한 관계를 지속하기 위해 부모로서 해야 하는 의무를 인생의 목표로 삼지 말자.

행복 기초 공사를 튼튼하게 지어, 제2의 멋진 인생을 구체적으로 기록해 보자. 1년, 2년, 5년이 지나 그 꿈이 현실로 이루어지는 그날을 생각하면서 말이다. 기록하는 꿈은 자면서 꾸는 꿈처럼 깨어났을 때 사라지지 않을 것이다. 기록하는 순간 내가 꿈을 잡고 있다고 생각하면 새로운 미래의 시작이 그리 어렵지 않을 것이다.

2

내가 배운 것을 세상과 공유하라

나는 가끔 혼자 영화를 보고, 쇼핑을 즐긴다. 갑자기 먹고 싶은 음식이 생각나면 혼자 식당을 찾아 먹으러 가기도 한다. 혼자 있다고 외로움을 느끼는 편이 아니다. 남자아이들과 함께 살다 보니 조용히 혼자 있는 시간을 즐기게 되었다. 세상은 참 많이 변했다. 혼자 세상 속에 있다고 전혀 어색하지 않게 되었다. 혼자 카페에 가도 핸드폰만 손에 있다면 세상 속 이야기를 볼 수 있다.

결혼을 안 한 친구는 주말 동안 한마디를 안 하고 지나가는 일도 많다고 한다. 굳이 말을 해야 하나 하는 생각도 들 때가 있다고 한다. 하지만 사람은 나이가 들수록 퇴보가 되고 사람들과 대화가 중단이 된다면 점점 혼자 고립될 수밖에 없다. 관계도 연습을 통해 배우고, 타인과의 대화 역시 소통으로 훈련되고 다듬어진다.

사람은 관계를 통해 성장하고 자신을 겸손하게 만든다. 40세 중반을 넘어가며 나 또한 꼰대 소리를 듣는 세대가 되었다. 나 스스로도 기성세대들과 대화를 하면서 말이 안 통한다고 했던 그 세대를 맞이했다. 왜 말이 안 통하는 걸까? 기성세대들은 새로운 것들을 받아들이지 않고 자신들이 옳다고 생각한다. 잔소리, 가르침, 충고 등 타인을 나의 생각에 맞게 바꾸려고 하는 태도가 있다. 자녀들도 가끔 나에게 꼰대라고 말할 때가 있다.

한 방송에서 초등학생 아이에게 "어른들의 조언, 잔소리의 차이점은 무엇일까요?"라고 질문을 했다. 초등학생은 "조언을 들으면 기분이 나쁜데, 잔소리는 더 기분 나빠요."라고 대답했다. 조언은 타인에게 도움을 주는 단어로 사용할 때가 많지만 듣는 사람 입장에서는 간섭이라고 생각할 수도 있다. 내가 타인에게 간섭과 같은 조언을 하지 않기 위해서는 함께 공유하는 방법을 알아야 한다. 함께 공유하고, 공감하는 것이 올바른 소통으로 가는 시작 단계라고 할 수 있다.

다양한 사람들과 관계를 맺고 소통하기 위해서는 많은 경험을 해야 한다. 경험을 통해 성장하고 배워나가야 한다. 배움을 멈추면 세상 속 트렌드를 알 수 없다. 중년의 나이를 넘어가면서 빠르게 진화되는 디지털 문화가 나를 퇴보시키기 시작했다.

디지털 콘텐츠의 소비자로 유튜브를 뒤늦게 보기 시작했다. 최근 유튜브를 보기 시작했더니 50, 60대가 시청 연령대라고 한다. 젊은 친구들은 이미 틱톡, 인스타그램으로 관심사가 이동했다. 시대의 트렌드를 따라가지 못하는 것에 슬펐다. 20대에 빠른 랩을 따라 부르던 내가 아들이 부르는 랩이 시끄럽게 들리는 나이, 점점 도태되어간다는 느낌을 받을 수 있다. 모든 디지털 콘텐츠를 사용할 수 없다고 해도 알고 있는 것과 모르는 것은 세상과 소통하는 데 큰 차이가 있다.

SNS를 통해 숏츠, 릴스 등 다양한 언어들이 생소하게 들린다. 하나씩 배워나가기로 결심했다. 물론 20대들이 배우는 속도를 따라갈 수는 없지만, 나만의 속도로 배워나가면 된다. 오프라인 강의에서 온라인 강의로 넘어올 때 사람들은 집중이 안 된다며 새로운 기능들에 불편함을 느꼈다. 그러나 온라인 강의가 3년 정도 지나면서 전 세계에 있는 유명한 강의들을 집에서 손쉽게 들을 수 있게 되었다.

창업을 준비하는 사람들은 막대한 초기 비용을 지불했다. 많은 콘텐츠들이 온라인 시장으로 넘어오면서 자본이 많지 않은 사람들도 쉽게 자신의 사업을 오픈할 수 있는 기회가 생겼다. 세상은 내가 생각한 것보다 빠르게 변화하고 있다. 끊임없이 성장하고 배우는 사람들에게 기회의 폭이 넓어졌다. 배우고 경험하고 있는 모든 것들을 다른 사람들과 공유한다면 수익을 창출할 수 있는 기회가 된다는 의미이기도 하다.

지금 나는 어디에 멈춰 있는지 생각해보자. 나의 배움은 다른 사람들과 무엇을 함께 공유할 수 있는지 생각해보자. 생각이 나지 않는다고 걱정할 필요는 없다. 지금부터 하나씩 배우고, 그것을 함께 나눈다면 세상과 소통할 수 있다.

80살이 훌쩍 넘은 같은 동네 할머니가 계신다. 할머니는 여느 노인들처럼 목에 핸드폰을 걸고 놀러 다니신다. 집에만 있으시면 시간이 의미 없이 지나간다고 하셨다. 마을버스를 타고 시장을 가는데 할머니가 타셨다. 내 옆 좌석에 앉으시며 가볍게 인사를 나눴다. 어디 가시는지 여쭤봤더니 친구를 만나러 가신다고 하셨다. 친구와 함께 가을 사진을 찍으러 서울 숲에 가신다고 했다.

할머니는 나이가 들면서 가장 좋은 취미는 음악 듣기와 사진 촬영이라고 하셨다. 사진을 배우기 위해 늦은 나이에 평생교육원에 다녔다고 하셨다. 사진은 세상을 다양한 각도로 볼 수 있다고 하셨다. 사진을 찍기 위해 여러 지역에 여행을 하고, 해외에도 나갔다. 요즘은 비싼 사진기보다 핸드폰 화질이 좋아서 핸드폰으로 찍는다고 하셨다. 친구에게 사진 찍는 방법을 알려주기 위해 자주 만나서 다양한 장소를 다니셨다.

나는 그 많은 사진은 어떻게 저장하는지 궁금해서 여쭤보았다. 할머니는 블로그, 인스타그램 등 젊은 나보다 더 많은 것들을 알고 계셨다. 할머니는 버스에서 내리시면서 요즘 시대에 사진은 꼭 배우라고 말씀해주셨다. 할머니의 취미는 나에게 또 다른 도전을 주었다. 사진을 배워보고 싶다고 생각만 했지 실천하지 못한 사람 중 한 명이다. 나는 사진 찍는 법 강좌를 등록했다. 할머니처럼 나이가 들어도 즐기면서 세상을 보고 싶다는 생각을 했다. 사진 찍기 수업을 듣고 나니 영상 편집 기술 강의까지 듣게 되었다. 내가 배운 것들을 바로 실행에 옮겼다. 실행에 옮기고 나니 주변에 영상 편집을 배우고 싶은 사람들이 많다는 것을 알게 되었다. 나는 나만 아직 잘 모른다고 생각했는데 나보다 더 모르는 왕초보자들이 주변에 많이 있었다. 그들과 내가 알고 있는 지식을 공유하면서 또 하나의 영역을 확장할 수 있었다.

우리는 성장을 위해 끊임없이 교육비를 지불하고 배운다. 실행하지 못하고 교육비만 지불한 것도 많이 있다. 아이들에게 숙제를 해야 자신의 지식으로 남는다고 수없이 조언을 했다. 나는 배우기만 할 뿐 배움을 다시 공유하려고 하는 노력을 하지 않았다. 아직 실력이 부족하다는 이유로 많은 것들을 미뤄왔다.

내가 지금 초보자라면 왕초보자와 공유하고, 왕초보자라면 왕왕초보자에게 전달하라는 말이 있다. 내가 배운 지식을 다른 사람과 공유하는 시점부터 그 지식이 내 것이 된다. 사람들에게 전달할 때, 나 스스로 내가 가진 지식에 대해 더 이해하게 된다. 사람들의 질문을 통해 지식을 깊이 있게 알게 되고 가르침이라는 단어에 겸손해지게 된다. 나의 배움을 다른 사람과 공유하는 것에 두려워하지 않아도 된다. 나를 위한 가르침으로 내가 더 성장하는 기회가 될 것이다. 나의 성장은 내 주변을 성장하고자 하는 사람들로 채우게 한다. 사람들을 통해 다시금 겸손함과 성장을 배우게 되는 긍정 순환의 역할을 알 수 있다. 지금 나는 다른 사람과 무엇을 공유하고 싶은가?

3

행복 유산을 아이들에게 물려주라

2002년 3월, 친정 엄마는 돌아가셨다. 엄마는 자신이 죽는다고 종이에 적은 날 하늘나라에 가셨다. 엄마가 글을 쓸 때만 해도 엄마 말씀대로 그날 저녁에 돌아가실 거라고 믿지 않았다. 나에게 엄마는 강인하고 자녀들 모두 반듯하게 키우신 분으로 가슴에 남는다. 엄마가 그토록 원하던 아들은 없지만 딸들 모두 본인의 자리에서 최선을 다하면서 사는 모습을 보면 엄마의 가르침이 얼마나 소중한지 알 수 있다.

엄마가 되고 친정 엄마가 얼마나 훌륭한지 알았다. 아마 모든 엄마들이 그럴 것이다. 여자는 자녀를 키우면서 좋은 부모가 되기 위해 노력한다. 아이들과 함께 놀아 주기 위해 모든 스케줄을 아이에게 맞춘다. 놀이를 할 때도 온 힘을 다해 역할 놀이를 한다.

나는 겨울에 눈이 오면 적군, 아군으로 나누어 열심히 눈싸움을 했다. 집에서 파워레인저 애니메이션 방송을 하면 옆에 장난감 총과 칼을 끼우고 놀았다. 에너지가 넘치는 아들들 때문에 나는 저녁이 되면 지쳐서 누가 먼저랄 것 없이 잠들었다. 여행을 가서 많은 것들을 같이 공유하고 함께하는 시간들이 많을수록 아이들의 성장에 좋은 영향을 줄 거라 생각했다. 아쉽게도 그런 시간은 잠시뿐이었다.

아이들이 학년이 올라가면서 친구를 찾기 시작하고, 부모와 점점 멀어지는 시기가 찾아온다. 사춘기가 시작되면 서로 가족이 아닌 원수지간처럼 싸우기도 한다. 이런 성장 과정들이 아이들에게 어떤 추억으로 남아 있을까 궁금하다. 가끔 핸드폰에 나의 의지와 상관없이 예전 사진들이 올라올 때가 있다. 아이들에게 사진을 보여주며 기억하냐고 물어보면 정확하게 어디를 갔는지 무엇을 보았는지 가물가물할 때가 있다. 그럴 때면 '아~ 어릴 때 뭘 해 주는 건 다 소용없어.'라는 생각이 들기도 한다.

다행인 건, 아이들은 구체적인 상황을 기억하진 못하지만 그때의 감정을 기억하고 있다. 구석지고 허름한 식당을 예약해서 찾아가는 동안 불량배를 만날까 봐 가족 모두 신발끈을 묶었던 사건, 첫 해외여행에서 둘째 아들이 갑자기 천식이 심해져서 큰아들과 차이나타운을 정신 나간 사람처럼 뛰어다니며 약을 샀던 기억들을 이야기하며 깔깔대며 웃었다. 우리는 서로의 추억을 이야기하며 그때의 감정을 공유할 수 있었다. 아이들이 성인이 된 후에도 우리는 함께한 추억을 공유할 수 있는 이야기들을 간직하게 되었다. 아이들이 어렸을 때 함께 여행을 다니면서 다양한 경험을 해야 한다는 것을 다시 한 번 깨달았다.

아이들이 점점 성장하면서 자립을 할 수 있도록 하는 것 또한 부모의 역할이다. 지극한 모성애가 아이들을 위한다는 포장으로 아이들을 CCTV 눈으로 지켜보고 있는 자신을 발견할 때도 있다. 엄마 자신을 자녀들을 위해 '더 잘해야지.'라고 말하며 강요한다. 아이들이 스스로 할 수 있는 나이가 되었음에도 불구하고 집안 관리, 친구 관리, 성적 관리 등 육체적 노동과 정신적 노동으로 100퍼센트 소진하는 경우도 있다. 엄마들은 이 시기에 번 아웃을 경험하기도 한다. 엄마도 사람이다. 정신적인 회복 없이 소비만 있을 때 이성을 잃을 때가 있다. 엄마에게 자기만의 시간이 필요하다. 'ME TIME'이라는 단어가 있다. 미 타임은 '나만의 시간을 갖는다'라는 의미이다. 외국 엄마들이 스트레스를 풀기 위해 자신만의 시간을 가질 때 사용하는 단어이다. 우리 엄마들도 미 타임을 갖고 재충전의 시간이 필요하다. 아이들에게 한 발 물러나서 바라보는 시간이기도 하다. 자녀가 스스로 할 수 있는 일들에 본인이 얼마나 많은 개입을 하고 있는지 보자. CCTV 눈으로 아이를 지키고 있는지 스스로 체크해야 한다. 사춘기 이후 엄마가 자신을 CCTV 눈으로 지켜본다는 것을 자각할 때, 아이들은 스스로 자립할 수 있는 연습 기회를 놓치는 경우가 생기기도 한다. 지키는 자와 지킴을 받는 자 모두 행복하지 않을 거다. 돌봄과 간섭의 균형을 잘 이루어야 서로가 행복한 눈으로 만날 수 있을 거라고 생각한다.

나는 스스로 자립하기 위해 노력한다. 사람들은 자녀에게 금전적인 유산을 남기고 싶어 한다. 나 또한 주고 싶은 마음이 많다. 자녀가 편하게 살 수 있도록 도와주는 것도 부모의 마음이기 때문이다. 나는 나의 아이들에게 스스로의 자립과 부모의 자립을 유산으로 남기고 싶다. 자녀들은 스스로의 선택에 의해 태어난 것이 아니다. 그러므로 부모로서 자녀를 양육하고 책임의식을 갖는 것은 당연한 일이다. 그 과정은 보상을 받기 위한 행위가 아니다. 부모와 자녀 사이는 서로 독립된 인격체이다. 내가 선택하고 나를 선택한 부부만이 서로를 끝까지 책임지는 관계라고 생각한다. 나는 서로의 행복을 위해 우리 부부가 노후까지 잘 살기 위해 노력한다. 이런 마음과 목표를 위한 실천들이 나의 자녀에게 줄 수 있는 행복 유산이라고 생각한다.

직장을 다닐 때 만난 항상 밝은 기운을 주는 학부모가 있었다. 항상 웃는 얼굴로 아침마다 선생님들께 인사를 했다. 밝은 엄마는 시부모님과 같은 건물에 산다고 했다. 시부모님과 가깝게 산다는 얘기를 들었을 때 제일 먼저 생각이 든 건 '힘들겠구나'였다.

그 학부모는 여름 방학이 시작될 무렵 아이를 픽업하러 일찍 왔다. 아이 수업이 끝날 때까지 나와 이런저런 이야기를 했다. 여름휴가 이야기를 하면서 시부모님과 함께 여행을 갈 예정이라고 했다. 나는 첫마디가 "너무 훌륭한 며느리네요. 시댁 어른들을 모시고 여행까지 다니시고요." 라고 했다. 밝은 엄마는 여전히 웃으면서 "전혀 훌륭하지 않아요. 저희 시댁 어른들은 함께 가지만 모든 시간을 함께 보내지 않아요. 서로 개인 일정에 맞게 놀아요. 덕분에 저녁에는 아이를 시어른들께 맡기고 남편과 단둘이 놀 수도 있어요. 가끔 저녁에 맛있는 식사를 사먹으라고 용돈도 주세요."라고 했다. "저희 가족은 함께 즐겁고 각자의 인생을 즐겨요." 마지막 말이 나에게 깨달음을 주었다.

나는 시댁에 가려고 하면 가기 전부터 몸이 아팠다. 시댁 어른들의 한숨들이 내 어깨에 벽돌을 한 개씩 쌓아올리는 기분이랄까? 항상 밝은 엄마는 시댁 어른들이 즐겁게 자신들의 인생을 살기 때문에 함께 시간을 보내는 것조차 부담이 안 된다는 것이었다. 이 가족들은 감정적인 부담을 서로에게 갖지 않고 만나기 때문이다. 가족 간에도 감정적인 불편함을 주면 멀어지기 마련이라는 생각이 든다. 나도 아들만 둘이 있다. 아들들이 나중에 결혼을 하고 가족이 생긴다는 상상을 해 보았다. 내가 며느리 입장에서 시댁에 가는 것을 부담스러워 했던 감정을 나의 미래의 며느리들에게 주고 싶진 않다. 내 아들도 마찬가지이다. 그러기 위해서 내가 스스로 가족에게서 자립을 해야 한다는 생각을 더 깊게 하게 됐다.

엄마가 되고 자녀를 낳고 내 아이들에게 어떤 엄마로 추억되길 원하는가? TV만 보고 자신만 바라보며 사는 엄마, 맨날·아파서 우울하게 집에만 있는 엄마, 아빠와 매일 싸우기만 하는 엄마. 이런 부정적인 모습을 남겨준다는 것은 끔찍한 일이다. 아이들에게 행복한 모습의 엄마로 남고, 언제나 만나러 오고 싶은 가족으로 남길 원한다. 이것이 바로 행복 유산이 아닐까?

4

남편과 함께 인생을 설계하라

최근 한 유튜브에서 시어머니가 덕담을 하는 결혼식 장면을 보았다. 시어머니는 아들에게 30년 동안 가지고 산 고집스러운 성격을 버리고 아내 말을 존중하며 서로 맞춰서 잘 살길 바란다고 했다. 많은 예비 며느리와 이미 결혼을 한 여성들의 수많은 댓글이 달렸다. 성격 좋은 시어머니의 며느리가 된다는 것에 부럽다는 내용이 대부분이었다. 20년 전 나의 결혼 주례사님의 말씀 중에 아내는 남편을 공경하고 자녀를 잘 키워야 한다는 내용이 있었다. 유튜브에 나온 시어머니의 말도 맞는 말이고, 20년 전의 나의 주례사님의 말도 틀린 말이 아니다. 조금 다른 부분이 있다면 과거엔 남편을 먼저 생각하며 가정을 꾸려야 했다. 최근엔 아내의 말을 먼저 듣고 가정을 꾸려야 한다는 것이다. 누구 말을 먼저 듣고 나중에 듣는 것이 그렇게 중요할까? 서로 존중하고 의견을 나누는 것이 능동적인 미래를 만드는 조건이 아닐까 한다.

결혼 초반에 남편과 모든 것을 맞추느라 힘들었다. 남편은 가정보다 자신의 눈앞에 놓인 학업과 직장이 먼저였다. 그런 남편을 이해했지만, 결혼이라는 울타리에 들어온 순간 며느리의 의무만을 요구하는 시댁에 고통을 느끼는 건 오롯이 나만이 겪어야 하는 문제였다. 남편과 시작된 기분 좋은 대화는 결국엔 서로에게 상처를 주는 결과만 남게 됐다. 내가 살아온 문화와 너무 달랐던 시댁 문화에 적응하는 데 시간이 걸렸다. 나는 시댁 문제에 대해 남편이 먼저 나서주길 바랐다. 남편은 내가 스스로 해결하길 바랐다. 항상 평행선을 걷는 마음이었다. 나를 이해하지 못하는 남편과 어떻게 평생을 할 수 있을까 하는 마음도 들었다. 대화가 전혀 되지 않았기 때문이다. 3~4년 동안 기나긴 싸움은 서로를 지치게 만들었다.

남편은 학업이 끝나고 마음의 여유가 생겼을까? 주변의 동료, 선배들의 이야기를 들으며 가장으로서의 역할에 대해 고민하기 시작했다. 어느 날 남편은 자신이 그동안 책임감 없는 가장이었다는 생각을 했다고 말했다. 미안하다고 했다. 자신이 바쁘고 힘들다는 이유로 아내인 나의 힘든 상황을 회피하고 싶었다고 했다. 고맙기도 했지만 앞으로 어떻게 할지 의문도 들었다. 그 이후로 남편은 시부모님 앞에서 항상 나를 존중하는 모습을 보였다. 남편은 무슨 일이든 항상 나와 상의 후 다시 말씀드린다고 했다. 남편이 그렇게 행동하지 않더라도 그렇게 말하는 것만으로도 시부모님은 나를 대하는 태도가 예전과는 달라졌다. 남편과 아내가 부모로부터 독립된 가정을 이루기 위해서는 서로에게 집중해야 한다. 결혼이라는 제도로 부부가 아닌 주변 가족들 때문에 힘든 상황들이 발생한다면 문제를 해결할 수 있는 사람은 부부밖에 없다. 결혼을 했다는 것은 모든 문제에 대해 부부가 함께 해결한다는 의미이기도 하다.

교회 지인인 은진이는 남편이 군인이다. 군인이라는 직업 특성상 여러 지역으로 이사를 다녀야 했다. 은진이의 직장은 서울이었다. 남편은 근무지인 지방 군인 아파트에서 살았고, 은진이는 친정 엄마에게 육아 도움을 받는 문제로 서울 친정에서 함께 살았다. 결혼 이후에도 친정 엄마와 한 번도 떨어져 살아본 적이 없었다. 은진이는 휴가를 받고 온 남편이 친정에 오면 불편해 한다고 했다. 자신은 그런 남편을 보면 서운함이 몰려온다고 했다. 육아를 도맡아 해 주는 친정 엄마의 노고를 고마워하지 않는 남편이 밉다고까지 했다. 친정 엄마는 살갑게 굴지 않는 사위에게 서운한 내색을 비쳤다. 점점 더 사위와 친정 엄마의 관계가 나빠지는 것을 보니 자신도 너무 힘들다고 했다.

나는 은진이에게 입장을 바꿔놓고 생각해보자고 했다. 아들은 결혼 후 본가에서 아이와 시댁 부모님과 함께 산다. 며느리는 가끔 휴가 때 아이를 보러 시댁에 다녀간다. 불편함과 미안한 마음에 어색하게 머물다 가는 그 며느리의 심정이 어떨지를 말이다. 남편은 그런 부인에게 자신의 어머니에게 딸처럼 살갑게 행동하지 않았다고 서운하다고 한다. 얼마나 어색하고 불편한 관계인가? 독립되지 못한 부부의 현실이었다. 부부의 문제가 서로에게 맞춰져 있는 것이 아니었다. 남편이 어쩌다 집에 와서 친정 엄마에게 살갑게 굴면 은진이 자신이 편했을 것이다. 자신과 친정 엄마의 마음이 먼저였던 것이다. 은진이는 속마음을 터놓고 난 후, 한참을 생각에 빠졌다. 남편과 진지하게 이야기를 해봐야겠다고 했다. 누가 옳고 그른 것은 없다. 결혼을 한 시점부터 부부의 연을 맺었다면 한 배를 탔다고 생각한다. 한쪽의 무게가 무거우면 배가 기우뚱거리며 흔들리듯이 균형을 이루며 사는 것이 부부관계라는 것을 알았다.

강의를 하면서 만난 친구 소라가 있다. 소라는 임신 8개월이었다. 출산을 앞두고 겁이 난다고 했다. 맞벌이기 때문에 아이를 누군가에게 맡겨야 한다고 했다. 출산 준비도 힘든데 출산 후 육아에 대해 남편과 이야기를 하면 항상 싸우게 된다고 했다. 그 이야기를 듣는데 옛날 내 생각이 났다. 독박 육아를 하며, 남편이 퇴근하면 당연히 아이를 봐야 한다고 생각했다. '당연히'라는 단어가 나의 마음을 힘들게 했다. 당연히 해야 하는 것을 안 하니 나만 억울하고 불행한 삶이라고 느꼈다.

어느 날 '당연히'라는 단어를 지웠다. 남편은 '힘들게 당직을 서고 왔으니 몇 시간은 푹 쉬게 해주자.' 하는 마음을 갖고 바라봤다. 남편도 쉬고 나면 자신이 쉬었으니 나에게 나갔다 오라고 했다. 남편과 아내가 모든 것을 50:50 똑같이 나누는 것이 현명한 것은 아니었다. 어느 날은 내가 20프로 채우고, 남편이 80프로를 채워서 100프로를 만드는 거라고 생각한다. 어느 날은 내가 30프로 채우고, 남편이 30프로밖에 못 채웠을 때, 40프로를 어떻게 채울지 함께 고민해 봐야 하는 것이 부부의 힘이라고 생각한다. 나는 이런 생각들을 나중에 깨달았다. 소라에게 나의 생각들을 주저리주저리 이야기하며 결론은 옆에서 도와주는 사람은 남편밖에 없다는 것을 상기시켜줬다. 싸움도 추억이 될 수 있는 정도까지만 싸우는 것이 현명하다.

우리 부부는 저녁에 산책을 자주 나간다. 우리 부부를 본 사람들이거나 주변 친구들은 부부관계가 좋은 거 같다고 이야기한다. 동갑이니 친구처럼 지내는 모습이 부럽다고 말하는 경우가 많다. 사실 우리끼리 나이 50을 바라보면서 장난치는 걸 보면 언제 철드나 할 때도 있다. 엄마들이 그런 이야기를 할 때 보면 남편과 친구처럼 지내고 싶어 하는 마음이 크다는 것을 알았다.

우리 부부는 어떤 상황이든 문제를 정의하는 방법을 알고 난 후부터 싸우는 것보다 대화를 많이 하게 되었다. 오랜 연애 기간 동안 치열하게 싸우고 화해하고를 반복하면서 깨달은 방법이기도 하다. 이 과정에서 서로의 강점과 약점을 잘 알고 그 부분을 존중하며 살고 있다. 강점과 약점을 안다는 것은 서로의 의견이 불일치될 때 분노의 마지노선을 지킬 수 있는 것이기도 하다. 내가 육아와 시댁에 대한 불만을 남편에게 말하더라도 남편은 화를 잘 내지 않는다. 처음부터 너그럽게 들어주는 것은 아니었다. 같이 한 세월 속에 2절까지 들어주면 부인이 스스로 분노를 조절한다는 것을 깨달은 거 같다.

내가 계속된 화를 표출할 경우, 남편은 나에게 경고를 한다. "이제 3절로 넘어가려고 한다." 나도 안다. 3절로 넘어갈 경우, 남편 또한 화를 낸다는 것을. 나 또한 2절까지 하고 싶은 말을 다 쏟아붓는 것이 서로의 정신 건강을 위해 낫다는 것을 알고 있다. 남편 또한 마찬가지이다. 스트레스로 인해 어떤 말이든 비난으로 들리는 경우, 방에 들어가 혼자만의 시간을 보낸다. 그 시간을 존중하지 않을 경우 극한 상황이 벌어질 거라는 걸 서로 알고 있다. 서로에게 부정적인 시그널을 인지하고 해결 방법으로 존중해 준다. 살면서 싸움이 줄어들게 된 하나의 방법이다. 가끔은 외부 스트레스로 인해 상대를 배우자의 잘못으로 생각하거나 자신의 감정 조절 실패로 가정 안에서 화를 표출할 때가 있다. 심리학자가 TV에 나와서 "우리는 누구에게 가장 화를 많이 낼까요?"라고 질문을 한 적이 있다. 답은 '엄마, 형제, 부인, 남편' 등 가족들이었다. 그들은 내 안의 문제를 해결해주는 해결사가 아니다. 감정 쓰레기통도 아니라는 것을 의식적으로 인지하고 있어야 한다.

부부는 한 가정의 팀메이트이기도 한다. 팀은 성공적인 결과를 이루기 위해 하나의 목표를 정하고 성과를 이루기 위한 전략을 함께 공유한다. 방향성이 없으면 한 가정을 끌고 갈 때 서로 목적 없는 항해와 같다. 가끔 우리 부부는 빚을 함께 나눈 사이이기 때문에 평생 친할 수밖에 없다고 농담을 할 때가 있다. 함께 가정경제에 대해 계획하고 빚을 갚아나가면서 추구하는 것을 이루어 나갈 때 느끼는 성취감은 팀메이트에게 커다란 열정을 선사한다. 그 안에서 모험을 경험하기도 하고 실패를 맛보기도 한다. 하지만 그런 경험들을 통해 함께 추구하는 공동 목표를 이루기 위함이기에 누구의 탓이 아닌 함께 짊어지고 가야 한다. 결의에 찬 팀메이트끼리 자신들이 이룰 수 있는 목표를 찾아 나간다면 좋은 성과를 이

룰 수 있을 거다. 생존을 위한 관계가 아닌 가끔은 따로, 때론 함께하며
서로에게 좋은 시너지를 낼 수 있는 관계가 한 가정의 바람직한 출발선
이 된다.

5

엄마가 바로 서면 가정도 바로 선다

나는 완벽한 엄마가 아니다. 완벽한 엄마가 되고 싶은 마음도 없다. 단지 아이들이 나를 기억할 수 있는 엄마가 되길 원한다. 긍정적이고 끊임없이 자신들을 사랑했던 엄마로 기억되길 희망한다. 나는 아이들에게 관심이 없는 듯, 있는 듯 행동한다. 이런 행동은 나의 전략일 뿐 언제나 아이들에게 관심을 두고 있다. 아이들은 부모가 자신들을 지켜보고 있다는 것을 의식적으로 알고 있어야 한다. 만약 엄마가 아이들에게 무관심하게 된다면 아이들은 가족의 울타리를 넘고자 할 거다. 왜냐하면 세상은 미성숙한 어린이, 청소년들에게 다양한 쾌락을 제공하며 가족의 울타리를 넘으라고 손짓한다. 아이들이 매순간 엄마 말을 잘 듣고 순종하지 않다는 것을 깨닫는 순간 전략적으로 아이들을 관리해야 한다는 것을 알게 되었다. 아이들이 잘 자라는지 관심을 갖고 지켜봐야 한다.

큰아들은 사춘기가 되면서 학교생활을 물어보면 짜증을 내고 대화를 하려고 하지 않았다. 이 시기에 아들과의 다툼은 지속되었다. 여자 형제만 있던 나는 남자들의 심리, 더욱이 사춘기 남자의 마음을 이해하기 힘들었다. 그저 엄마 말을 개똥으로 듣는 아들의 태도에 분노만 쌓일 뿐이었다. 남편은 남자아이들이 성장하는 과정이라고 했다. 이 시기에 자신의 의사 표현을 하지 않고 엄마에게 절대적인 순종만 한다면 사회에서 큰일을 못 한다고 말하며 나를 위로했다.

사실 남편과 함께 아들에 대해 얼마나 많은 이야기를 했는지 모른다. '네가 그렇게 잘났어? 너 하고 싶은 대로 하면서 살아라.'라고 생각하며 아들에 대한 내 마음은 온통 부정적이었다. 엄마로서 책임의식을 놓고 싶었다. 인생은 각자 산다고 생각하며 나만 잘 살자 생각했다. 하지만 엄마는 그럴 수가 없다. 혹시라도 아들이 삐뚤어질까 봐 걱정이 되었다. 성인이 되기 전인 자녀에게 악담을 퍼부어봤자 다시 나에게 돌아올 뿐이었다. 나는 아이와 한 번씩 다툼이 있으면 무기력함이 찾아오고 아무것도 하고 싶지 않았다. 스트레스로 몸도 아프기 시작했다. 서로를 망가트리는 관계가 되어버린 것이다. 관계 회복을 위해서는 엄마인 나부터 변해야 했다.

엄마는 주는 것에 익숙하고 나 자신을 돌보는 것을 놓칠 때가 있다. 우선 나 자신에게 시간을 주고 내 삶을 건강하게 살 수 있도록 나를 세팅해야 했다. 엄마인 나 자신을 챙기고 사랑하는 것부터 시작했다. 나의 시간을 확보해서 배우고 싶었던 강의들을 들었다. 매일 1시간씩 걷는 것도 빼먹지 않았다. 배움을 통해 내가 성장하는 것을 느꼈다. 정신적 육체적으로 건강한 엄마의 모습을 아이들에게 보여주고 싶었다. 나만의 시간을 가지면서 아들에게 보이던 부정적인 모습들이 덜 보이기 시작했다.

내 시간을 채우기 시작하면서 아들을 내 마음에서 독립시켰다. 마음에서 아들 방을 뺐더니 그 방에 나의 방이 생기기 시작했다. 나는 아들이 성장하고 있다는 것을 무시하고 있었던 것이다. 서로에게 분노로 향하던 화살을 거두자 아들과 대화가 되었다.

학교생활에 대해 먼저 이야기를 할 때도 생겼다. 아들은 이야기 중에 자신의 친구들은 괜찮은 아이들이라고 했다. 나는 마음속으로 다행이라고 생각했다. 괜찮은 아이들에 대한 기준이 뭘까 궁금했다. 많은 이야기 중에 아들은 "친구들 엄마 아빠도 애들한테 관심을 갖고 있어."라고 했다. 아이들도 가족의 한 일원이라는 생각을 하고 있다는 것이다. 가족이 서로에게 관심을 갖고 있다는 것은 사랑받고 있다는 것을 알고 있다는 거다. 굳이 직접적인 말을 하지 않더라도 아들도 알고 있다. 가족이라는 울타리가 자신에게 든든한 힘이 된다는 것을. 자기 자신을 사랑하고 스스로를 지켜야 하는 이유가 된다는 것을.

　엄마들은 좋은 엄마, 완벽한 엄마가 되기 위해 스스로를 망가트리는 경우가 있다. 네 자녀를 둔 엄마가 있다. 경제적으로 어려움을 겪고 있는 상황에서도 아이들에게 좋은 교육을 시키기 위해 고군분투했다. 엄마의 마음을 알기에 이해했다. 4명 아이들의 학원 스케줄을 다 짜고 직접 운전을 했다. 학원비를 내기 위해 대출을 받기까지 했다. 그 엄마는 아이들 때문에 지친다고 하면서 시댁에서 지원해주지 않는 것에 불만을 토로했다. 그 엄마는 본인이 힘들 때마다 나에게 전화를 해서 하소연을 했다.

　갑자기 경제적으로 어려워진 남편에 대한 불만, 공부를 시키려고 학원을 보내는데 만족스럽지 못한 아이들, 이런 힘든 상황을 알고도 도와주지 않는 양가 부모들에 대한 이야기를 한숨과 함께 전했다. 모든 문제를 나 자신이 아닌 남편, 아이들, 부모님에게서 찾고 있었다. 안타까웠다. 자녀들을 위해 열정을 쏟고 있지만 정작 엄마 자신은 부정적인 감정들로 휘감겨 있었다. 나는 섣부르게 조언이라고 내 생각을 말하지 않았다. 왜냐하면 다른 사람의 말을 들을 수 있을 정도로 자신을 생각할 여유가 있지 않았다.

나는 그녀에게 하루를 열정적으로 아이들을 위해 시간을 다 쓰고 나면 저녁에 힘들지 않는지 물어봤다. 불만이 가득한 엄마는 저녁에 너무 힘들어서 아이들에게 소리를 지르게 된다고 했다. 전화 너머 엄마의 한숨은 습관처럼 계속 하고 있었다. 4명의 아이들은 한숨이 없는 건강한 엄마를 원하지 않을까? 하는 생각을 했다. 나는 사춘기 아들을 키워본 경험으로 그 엄마가 아이들이 사춘기가 되었을 때 나 같은 실수를 하지 않길 마음속으로 이야기했다.

가정에서 엄마는 중요한 존재이다. 엄마가 어떤 생각을 하는지, 어떻게 세상을 바라보고 문제를 해결하는지에 따라 아이들은 배운다. 아이들이 아기였을 때 엄마가 웃으면 같이 웃는 아이들의 얼굴을 떠올려보자. 엄마가 우는 시늉을 하면 아기는 입을 실룩거리며 금방이라도 울려고 하는 경우도 있다. 엄마의 감정이 그대로 아이들에게 전해지는 것이다. 건강을 유독 신경 쓰는 엄마는 아이들의 건강을 최우선으로 생각할거다. 그 아이들은 이번 코로나 상황에서 누가 시키지 않아도 절대로 마스크를 쉽게 벗지 않는다. 완벽주의 성격을 가진 엄마를 지켜보고 자란 아이들은 자신의 실수를 두려워할지 모른다. 새로운 것에 도전하는 것보다 안정적인 상황을 선호할 수 있다.

이렇듯 엄마의 행동, 가치관은 가르치지 않아도 아이들에게 전달된다.

한 번쯤 지금 나는 아이들에게 어떤 영향력을 주는 엄마일까 생각해 보는 시간을 가져야 한다. 나의 자녀들이 긍정적이고 도전적인 아이로 성장하길 바란다면 지금 엄마의 우울함을 떨쳐버려야 한다. 엄마가 자녀들에게 어떻게 기억될지 지금 엄마의 상황을 보고 스스로에게 질문을 해야 한다. 행복한 가정을 만드는 데 엄마의 역할이 크다는 것을 알고 건강한 엄마가 되기 위해 지금부터 노력해 보면 어떨까?

6

현명한 독립은 제2의 커리어를 만든다

    나는 출산을 하고 육아를 하면서 일을 그만두었다. 육아를 하면서 일을 지속한다는 것은 굉장히 힘든 일이었다. 전업주부가 된 후, 다시 일을 하고 싶다고 일을 할 수 있는 것도 아니었다. 나는 육아에 열정을 쏟기로 마음먹었다. 아이들이 어린이집에 갈 때까지 육아를 우선순위로 삼았다. 사람마다 자신의 계획과 상황, 현재를 받아들이는 감정이 다 다르기 때문에 현재를 행복하게 사는 것이 중요하다. 자신의 현재를 행복하게 만드는 사람은 일로 연결할 수 있다. 현재의 내가 없다면 미래의 나도 없다.

자녀를 잘 키우는 조건에서 엄마가 워킹맘인지, 육아맘인지는 중요하지 않다. 가족을 우선순위로 생각하고 엄마로서 할 수 있는 일에 진심을 다하면 된다. 워킹맘이기 때문에 아이에게 소홀하다는 죄책감을 갖지 않았으면 한다. 육아맘이라고 세상과 단절되었다고 자신에게 실망하지 않았으면 한다. 내가 하는 모든 일에 가족을 우선순위로 생각하면 된다. 가족의 행복을 위해 자신을 투자하면 행복의 결실은 반드시 돌아온다고 생각한다.

윤여정 배우가 오스카상을 받고 자녀들에게 수상 소감을 말했던 것이 인상적이었다. "사랑하는 두 아들들에게 고맙다고 말하고 싶다. 저를 일하게 만든 아이들입니다. 사랑하는 아들들아, 엄마가 열심히 일한 결과이다." 이혼 후 생활이 어려워서 연기 생활을 다시 시작했다고 한다. 자녀를 위해 일한 그녀는 결국엔 자신을 빛나게 만든 것이다.

육아에 충실한 엄마가 제2의 커리어를 찾은 경우도 많이 있다. 육아를 통해 자신의 재능을 발견한 경우도 있고, 그 속에서 자신의 경력을 재창조한 경우도 있다. 이들은 모두 현재의 시간을 소비하지 않고 투자를 한 결과이다.

육아를 통해 자신의 경력을 재창조한 엄마들의 사례를 기사에서 심심찮게 볼 수 있다. 브랜드미스쿨의 대표 우희경 작가는 글쓰기를 통해 다른 사람들의 성장을 돕고 있다. 우희경 작가는 결혼을 하고 3년 동안 난임을 겪었다. 오랜 난임으로 고생했던 작가는 아기 갖는 것을 내려놓고 새로운 자신의 일을 준비하고 있었다. 자신의 꿈을 위해 새로운 도전을 하려고 하던 그때 임신을 하게 되었고, 어렵게 찾아온 아기인 만큼 태교에 전념하고자 했다. 첫 임신에 전문적인 태교 방법을 모르던 작가는 여러 방법으로 태교에 대한 정보를 얻고자 하였지만 만족스러운 해결책을 찾지 못한다. 그때 본인이 스스로 계획한 태교여행을 시작하게 되었다고 한다. 이때부터 자신의 경험을 적은 기록을 책으로 출간하게 되었다.

첫 책을 출간한 후 우 작가는 계속적으로 책을 쓰고 출간하게 되면서 작가라는 타이틀을 얻게 되었다. 지금은 글쓰기를 통해 자신의 회사를 창업하고 1인 기업가로 성장하여 다른 이들의 책 출간에 도움을 주고 있다. 작년에 퇴사 준비생들을 위한 1인 기업 지침서인 『완벽한 퇴사』를 출간하기도 했다. 퇴사를 위한 책이 아닌 퇴사를 하고 1인 기업가로 성장하고자 하는 이들에게 도움이 되는 책이다. 자신의 불편함을 해결하면서 다른 사람에게 영향력을 줄 수 있는 사람이 된 것이다.

제빵 기술을 보유하게 된 A엄마. A 엄마의 가족은 모두가 빵을 좋아했다. 매일 베이커리 가게에 들러 여러 종류의 빵을 샀다. 유명한 빵집을 찾아다닐 정도로 좋아했다. 아이가 크면서 아토피가 조금씩 생기기 시작했다. 일반 빵집에서 파는 빵을 먹고 난 후, 아이의 간지러움은 심해졌다. 좋아하는 빵을 먹지 못하게 했다. 엄마와 아빠도 아이를 위해 빵 먹는 것을 중단했다. 하지만 아이는 학원에 다녀오면서 엄마 몰래 빵을 사서 먹었다. 엄마는 좋아하는 빵을 먹지 못하는 아이를 위해 직접 유기농 빵을 굽기로 했다. 우선 제빵학원에 다니면서 제빵 기술을 배웠다. A엄마는 제빵 기술을 배우면서 재미를 느끼기 시작했다. 더 나아가 학원에서 배우지 않은 여러 가지 재료들을 이용해서 집에서 빵을 굽기 시작했다. 가끔 아이들과 친구들을 초대해서 빵 만들기 수업도 했다. 그때 먹은 바나나빵 맛을 잊을 수가 없다. 같이 만들 때는 너무 쉬워보였는데 집에 와서 해 보려고 하니 기억에 남는 것이 하나도 없었다. A엄마는 자신이 만드는 빵에 대해 하나씩 기록하고 있다. 지금은 단순한 취미생활로 보이지만 가족들을 위해 빵을 만드는 것을 행복해 하고 있다. A엄마의 빵 레시피가 언젠가는 그녀에게 새로운 커리어를 줄 거라고 생각한다.

영어 유치원에서 교사로 일한 B엄마가 있다. 그녀는 결혼을 하고 삼 남매를 낳았다. 잦은 임신과 출산으로 살이 찐 엄마는 오전에 자신이 좋아하는 수영을 다시 시작했다. 교사로 일을 할 때도 운동을 워낙 좋아했다. 출근하기 전 수영을 했을 정도로 부지런했다. B엄마는 수영을 하면서 살이 빠지고 활력을 찾기 시작했다. 단순히 살을 빼기 위해 시작한 수영이 그녀의 새로운 직업이 되었다. 그녀는 수영을 할 때 기분이 좋아지는 것을 알고, 수영 강사 자격증을 따기로 마음을 먹었다. 몇 년 후, 그녀는 스포츠센터에서 수영 강사로 일을 하고 있다.

대학교에서 심리를 공부한 C엄마는 결혼을 하고 상담센터를 그만두었다. 출산을 하고 몇 년이 지나 몸이 많이 아팠다. 아이의 육아와 자신의 치료에 전념하느라 다시 일을 한다는 생각조차 할 수 없었다. 몇 년이 지나고 그녀는 건강이 회복되었다. 나는 언제나 긍정적이고 밝았던 그녀가 다시 건강해질 거라고 믿고 있었다. 그녀는 자신의 아팠던 경험과 자신이 아프면서 가족 간의 유대관계가 얼마나 중요한지를 깨닫게 되었다. 그녀는 치료가 끝나자 건강이 회복되면서 다시 상담센터로 출근을 하게 되었다. 자신의 경험을 다른 사람에게 실질적인 상담으로 전할 수 있을 거라고 생각했다.

구직을 한다는 것은 모든 사람들에게 굉장한 스트레스로 다가온다. 더욱이 경력단절이 되었던 엄마들은 일반인들보다 스트레스가 더 높을 수밖에 없다. 한동안 일을 안 했기 때문에 자신감이 떨어지는 것도 사실이다. 하지만 엄마라는 삶에서 귀한 경험들이 새로운 삶을 창조할 수 있다. 지금 있는 자리에서 가치 있는 경험들이 나의 새 삶을 만들어간다고 생각하자. 긍정적인 확언들이 나의 새로운 커리어를 만들어 갈 수 있을 것이다.

7

가족 간의 팀워크를 이끌어 내라

나는 외향적이고 남편은 내성적이다. 나는 단순하고 남편은 예민하고 무엇이든 생각을 오래한다. 남편은 모든 사람을 수용하고 적을 만들지 않지만 나는 호불호가 강하다. 나와 남편은 서로 맞는 코드가 하나도 없다. 20년 가까운 세월 동안 맞을 법도 한데 우리는 점점 더 맞지 않는다. 그럼에도 저녁에 맥주 한잔을 하며 몇 시간씩 수다를 떨 정도로 말이 잘 통한다. 너무 다른 성격을 발견할 때면 같이 사느라 고생한다고 서로를 토닥여 준다.

결혼 초, 우리는 서로 맞추기 위해 배려보단 싸움이 먼저였다. 말다툼이 격해져 서로에게 주먹만 안 들었지 정이 뚝뚝 떨어지는 말들로 상처를 주었다. 그때는 서로의 다른 점을 인정하지 않았다. 함께한다는 생각으로 배려하지 않고 서로 상대에게 책임감을 요구했다. 남편은 바쁘다는 핑계로 아이들을 돌보지 않았고, 나는 혼자 육아를 도맡아 하면서 그런 남편을 질책했다. 남편의 성장이 나와는 별개라고 생각했다. 남편은 반복적으로 짜증 내는 나의 목소리를 듣기 싫어했고, 그런 남편의 반응을 어이없어 하며 나의 짜증 섞인 목소리는 강도가 세지기 시작했다. 서로가 점점 불편해지니 사람에 대한 미움은 커질 수밖에 없었다. 부정적인 마음으로 가득 찬 나는 집안일도 싫고 만사가 귀찮았다. 우리는 한 방향을 보고 함께 가는 가족이 아니었다. 한 집에 살면서 자신의 영역을 지키고자 끊임없이 전쟁하는 적과의 동침이었다.

결혼하고 5년 정도 지났을 때 우리는 서로 안 맞는 부분에 조금씩 익숙해지기 시작했다. 익숙해진다고 서로를 이해하는 건 아니었다. 조건 없이 인정하는 방법을 깨달았다. 지속된 싸움은 서로의 인생을 갉아먹는다는 것을 알았다. 우선 내가 나의 현재 상태를 인정했다. 바쁜 남편에게 나와 똑같은 육아 시간을 원한다는 것은 현실적으로 불가능한 일이었다. 불가능한 일을 지속적으로 요구하는 건 서로를 지치게 할 뿐만 아니라 나 자신도 힘들게 했다. 나는 내가 행복해지는 방법을 택했다. 서로 다른 부분을 인정하고 방법을 찾기 시작했다.

    계절이 바뀌면서 남편은 옷을 사야겠다고 했다. 남편은 예민한 성격 때문에 쇼핑을 할 때도 선뜻 옷을 고르지 못한다. 활동할 때 불편하지 않은 옷을 고르기 위해 여러 브랜드 옷을 입어보고 벗고를 반복한다. 본인의 선택이 틀릴지도 모른다는 생각에 나의 의견을 물어보기도 한다. 하지만 나는 안다. 내 의견은 선택에 있어 크게 중요하지 않다는 것을…. 이런 쇼핑을 반복하면 짜증이 날 때도 있다. 그러면 우리는 백화점에서 헤어진다. 각자 원하는 쇼핑을 하고 다시 만난다. 각자의 쇼핑 후 만남은 쇼핑으로 인한 피로감을 서로에게 주지 않는다.

    해외여행을 갈 때면, 나는 여행사 직원처럼 엑셀에 여행 일정을 정리해서 남편에게 보낸다. 나는 전체 일정과 호텔, 렌터카 등을 예약하는 등 여행 가기 전의 모든 일들을 한다. 여행지에 도착을 하면 나는 할 일이 거의 없다. 모든 세부 일정은 남편이 계획한다. 신경을 많이 쓰는 남편은 다른 나라에서 차를 운전하는 것에 스트레스를 많이 받는다. 그 모습을 보고 있으면 나에게도 불안감이 몰려온다. 그래서 해외여행을 가서 운전이 필요할 경우 항상 내가 운전을 한다. 남편은 옆 좌석에서 전용 네비게이터로 길을 안내한다.

    우리는 서로 자신이 잘하는 것을 선택한다. '아빠니까, 엄마니까, 남자니까, 여자니까.'라는 말로 서로를 옭아매지 않는다. 한마디로 팀워크를 이루고 살고 있다. 지난 몇 년간 맞지 않은 남편과 잘 지내기로 선택한 방법이 팀워크였던 것이다. 남편은 아침잠이 많고 저녁 늦게까지 활동을 한다. 당직을 많이 하는 직업병이기도 하다. 나는 저녁에 일찍 자고 아침에 일찍 일어나는 아침형 인간이다. 남편은 여행을 가서도 늦잠을 잔다. 처음에는 무슨 여행을 와서까지 저렇게 잘까? 생각하며 싸운 적이 한두 번이 아니다. 그렇게 아침부터 싸우고 나면 그날 여행은 서로에게 힘든 날이 되는 경우도 있었다. 서로를 인정하게 되면서 나는 여행을 가면 아침에 일찍 나 혼자 먼저 호텔에서 나온다.

혼자 커피를 마시고 주변을 돌다 보면 남편에게 전화가 온다. 여행은 쉬라고 오는 건데 극기 훈련은 아니라는 생각을 했다. 함께한 세월이 많아질수록 남편은 아침에 일찍 일어나는 아침형 인간으로 바뀌었다. 사람은 타인의 질책보다 본인의 의지로 변하는 것이 훨씬 효과적이다.

우리는 함께 결혼을 했다. 편안한 가정을 만드는 것은 혼자 하는 것보다 함께 이뤄나가야 한다. 자녀가 생기면서 더욱이 삶의 방향을 함께 정하고 정한 목표를 이루기 위해 팀워크를 발휘해야 한다. 직장에서도 팀워크를 이뤄 하나의 프로젝트를 끝낸다. 모든 사람이 잘 맞는 것도 아니고 팀 안에서 불협화음이 일어나고 다툼이 생길 때도 있다. 하지만 혼자서 하는 것보다 팀으로 하는 것이 더 좋은 효과를 낸다는 것을 알고 있다. 하물며 가족은 일보다 더 중요한 각자의 삶에 많은 영향을 끼칠 수 있는 관계이다. 내 삶 속에서 조건 없는 지지와 격려를 해주는 가족들의 팀워크가 얼마나 중요한 역할을 하는지 우리는 매순간 자각해야 한다.

가족도 공동체이다. 가족의 올바른 팀워크는 자녀에게 긍정적인 영향을 준다. 나는 남편과 각자 잘하는 것을 하는 인정해주고 자신이 할 수 있는 것을 한다. 자녀들도 다 재능이 다르다. 분리수거가 있는 날, 나는 문 앞에 재활용품들을 쌓아놓는다. 큰아들은 문 앞에 재활용품이 있어도 버려야겠다는 생각을 못 한다. 하지만 둘째 아들은 내가 시키지 않아도 학교를 가면서 재활용품을 들고 나가서 버린다. 큰아들은 요리를 잘한다. 가끔 내가 약속이 있어서 외출을 할 때면 큰아들은 요리를 해서 동생과 함께 먹는다. 외출 후 돌아오면 부엌은 난장판이 되어 있지만 서로 자신들이 잘하는 것으로 집안일을 한다. 아이들은 각자 집에서 자신들이 해야 할 일들을 알고 있고 자신들이 잘할 수 있는 일들로 가족 구성원의 역할을 한다.

나는 아이들이 가족 구성원으로서 자신의 역할을 한 경험이 사회 구성원으로서의 역할을 할 때 기초가 되었으면 한다. '함께' 시너지를 내는 긍정적인 효과를 안다면 분명 사회 구성원으로서의 역할을 충분히 잘할 거라고 믿는다. 사회는 끊임없는 경쟁 속에서 승자만을 요구하고 있다. 각자의 재능으로 팀 안에서 자신의 역할을 충분히 발휘한다면 혼자보다 함께의 가치를 알 수 있다.

　나는 두 아들이 사회에서 팀워크에 대해 배울 수 있는 방법으로 축구를 시켰다. 아이들의 축구 경기 진행을 지켜보다 보면 재미있는 상황들이 많다. 축구 경기에서 패스를 잘해서 팀에 도움이 되고 싶은 아이들, 패스 없이 혼자서 공을 드리블해서 상대방 골대까지 가지고 가는 아이들, 공격은 하지 않고 자신의 골대에 공이 들어가지 않도록 수비만 하는 아이들…. 개개인들의 성격을 엿볼 수 있다. 혼자 공을 드리블해서 상대방 골대까지 가려고 하는 아이들은 골인을 하지 못한다. 상대방 아이들의 태클에 넘어지거나 본인의 욕심으로 공을 놓치는 실수를 범한다. 이런 실수들이 아이들을 성장시키는 기회가 될 거다.

　축구를 통해 팀워크를 배운 아이들은 팀 내에서 자신들의 강점과 약점을 잘 안다. 각자의 강점과 약점을 알고 팀의 완성도를 위한 기획을 하는 연습을 한다. 큰아들은 수학여행을 다녀오면 항상 선생님들에게 칭찬을 듣는다. 다른 아이들은 자신들만 챙기기 바쁠 때, 아들은 언제나 이동 경로를 확인하고 학생들 중 낙오자가 없는지 확인한다. 그래서 행사를 준비할 때 담임 교사는 아들에게 전체 기획 담당을 맡기는 경우가 있다. 나는 자신의 이익만 생각하지 않고 전체를 볼 수 있는 강점을 키울 수 있었던 것은 축구를 통한 경험이 바탕이 되었다고 생각한다.

가정도 하나의 공동체이기 때문에 축구처럼 팀워크가 중요하다. 가정에서부터 가족 간의 팀워크를 키우는 습관을 가진다면, 아이들은 사회에서 분명 필요한 사람이 될 거라고 생각한다. 가정에서 자신의 가치를 아는 것부터 시작한다. 우리 가정은 개인 중심의 가족인지, 공동체의 가족인지 체크해보자. 만약 그렇지 않다면, 엄마부터 가족의 팀워크를 이끌어야 한다. 그래야 엄마의 행복을 넘어 가정의 평화가 찾아온다.

8

결국 나를 위한 삶이 우리를 위한 삶이다

나는 두 아들의 엄마이다. 엄마로 산다는 것은 무조건적인 책임을 원한다. 20년 동안 수많은 엄마들을 상담했다. 교육자이자 가정 리더로서 역할을 하는 엄마도, 아이들을 힘들게 하는 엄마들도 있었다. 그때 만난 엄마들은 다 별났다. 별나다는 말이 긍정적인 표현이든 부정적인 표현이든 공통점은 자녀들에게 몰입한다는 것이다. 몰입의 결과는 항상 스트레스로 인한 문제가 발생한다. 스트레스 강도의 차이가 날 뿐이다. 내가 결혼을 하고, 자녀를 낳고 엄마가 되어 보니 별날 수밖에 없다는 생각이 든다. 나 또한 별나다는 것을 느꼈기 때문이다.

엄마는 제정신을 갖고 살기 어렵다. 제정신이 정확하게 어떤 의미를 표현하는지 모르겠다. 남편은 남편대로, 부모님은 부모님대로, 아이들은 아이들대로 나에게 요구하는 것들이 많다. 완벽한 역할을 요구한다. 이 요구들을 다 들어주려고 하면 나는 나 자신을 버려야 하는 경우도 있다. 엄마이길 포기하고 싶을 때나 자식이길 포기하고 싶을 때가 생기기도 한다.

나는 완벽할 수 없다. 완벽할 수 없다는 것을 인정하는 순간 마음이 홀가분해졌다. 최선을 다할 뿐이다. 가끔은 그 최선이 무너질 때가 있다. 갑자기 집안일을 하다가 화가 치밀어오를 때가 있다. 가족들이 다 같이 저녁을 먹으러 나가려는 순간, 집 안이 엉망이 되어 있는 것을 봤다.

집 안 정리를 한 후 외출을 한다고 이야기를 했다. 하지만 이미 화가 올라오고 온갖 짜증 섞인 목소리로 남편과 자녀를 질책하기 시작했다. 분위기는 한순간에 삭막해졌다. 결국 기분이 상한 가족은 저녁 식사를 하러 나가지 않았다. 나의 짜증과 행동은 누구에게도 도움이 되지 않았고 상황만 더 악화시켰다. 나의 짜증은 가정 관리에 대한 책임감과 완벽함에서 시작되었지만 해결 방법은 스트레스 분출과 부정적인 감정만 전이시켰다. 이러한 실수들이 관계를 부정적으로 만드는 결과만 남았다. 차분히 앉아 무엇을 위한 분노인지 생각해봐야 한다.

나와 가족 모두를 위한 삶은 나의 행복에서부터 시작된다. 나를 위한 행복이 무엇인지 찾아야 한다. 나 자신을 위해 이기적일 필요가 있다. 가족을 외면하라는 이야기는 아니다. 왜냐하면 나의 안정이 곧 가정의 안정이 되기 때문이다. 그렇다면 나를 위한 삶을 위해 무엇을 해야 할까?

맘 온오프 스위치가 필요하다. 엄마이기 전후로 엄마 자신도 엄마로서가 아닌 온전한 나의 시간을 확보한다. 아이의 성장 단계에 따라 엄마들의 역할이 다르고 자기만의 시간 확보가 다 다르다. 나에게 휴식을 줘야 한다. 나의 휴식은 피곤에 지친 우울한 모습을 지우고 가족들에게 최고의 모습을 주기 위한 방법이다.

그 다음으로 할 일은 나의 시간에 투자하는 일이다. 나에게 주어진 시간이 무의미하게 흘러가지 않도록 해야 한다. 나의 시간을 스스로 컨트롤 할 수 있도록 만들어야 한다. 그 시간에 누구는 배움을 선택하고, 운동을 하고, 취미생활을 한다. 나 혼자 할 수 있는 시간에 무엇을 할지 습관을 만들어야 한다. 그 습관은 내가 나이가 들어감에 따라 나를 전문가로 만들어 줄 수 있다는 확신을 가져야 한다.

아이들은 성장하고 자립하게 된다. 아이들이 연령이 높아지면서 하교 시간은 점점 늦어진다. 오후가 훨씬 지나서야 집에 돌아온다. 하교 후 학원을 가면 또 다시 나만의 시간을 갖는다. 그 시간에 무엇을 해야 할지 혼란스러울 수 있다. 아이들이 독립적으로 놀기를 바라듯이 엄마도 혼자 놀이를 할 수 있는 기반을 마련해야 한다.

또한, 나의 사회적 관계를 만들어야 한다. 사람은 소통을 하며 생활을 해야 한다. 누구와 소통을 하고 그 속에서 공감하고 공유한다는 것은 스트레스를 풀 수 있는 기회가 된다. 사람마다 스트레스를 풀 수 있는 방법은 다양하다. 사람은 나와 같은 것을 공유할 때 기쁨을 느끼게 된다. TV에서 떡볶이 사업에서 성공한 청년이 나왔다. 처음부터 떡볶이 사업을 하려고 한 것은 아니었다. 떡볶이를 너무 좋아해서 동호회를 만들었다. 동호회 사람들과 전국의 떡볶이 집을 다니게 된 과정이 사업의 기초가 되었다고 했다. 남녀노소 상관없이 자신들이 좋아하는 떡볶이에 대해 이야기를 하면서 시간 가는 줄 모른다고 했다. 그렇다. 사람은 자신이 좋아하는 것, 잘하는 것 등 자신과 관계 있는 것들을 함께 나눌수록 행복을 느낄 수 있다. 혼자서 느끼는 것은 만족일 뿐이다. 함께하는 행복을 느끼는 사람은 가족 안에서도 함께의 가치를 보여줄 수 있다.

마지막으로 트렌드를 알아야 한다. 세상은 빠르게 변하고 있다. 아이들 또한 세상의 변화처럼 변하고 있다. 우리가 기성세대들과 같은 방식으로 양육을 한다면 아이들은 부모의 이야기를 듣지 않으려고 할 거다. 어느 자기 계발 강사는 자신은 청소년을 대상으로 하는 강의가 제일 힘들었다고 했다. 강의 첫 순간부터 아이들은 무표정으로 전혀 반응을 보이지 않아 강사를 당혹스럽게 만들었다.

그 후에는 청소년들이 많이 쓰는 초성 언어 맞추기를 먼저 시작하면서 아이들이 자신의 얼굴을 보게 했다. 강사는 청소년의 트렌드를 알고 있었던 것이다. 트렌드를 안다는 것은 나의 생각을 다양한 기준으로 확장할 수 있는 기회를 준다. 내가 살고 있는 세상에 관심을 갖는 것은 당연한 일이다. 모든 지식을 다 알 수는 없지만, 내가 우리 아이들을 이해하고 싶다면 아이들의 문화를 공부해야 한다는 것이다. 트렌드에 따라가지 않더라도 알고 있는 것은 성장하는 데 많은 도움이 될 것이다.

엄마는 자신이 좋아하고 잘하고 재미있게 할 수 있는 것들을 경험하면서 성장할 수 있는 기회를 자신에게 제공해 본다. 아이들이 좋은 성적을 받을 수 있도록 학원, 스케줄 관리를 하듯이 엄마 자신도 성장할 수 있는 경험을 찾아보자. 엄마가 성장하는 모습이 자녀들에게 전달될 거라고 믿는다.

20대의 성장은 생존을 위한 것이었다. 직장에서 생존하기 위해서 내가 성장해야 했다. 30대에 결혼을 하고 아이를 낳으면서 성장은 잠시 멈췄다고 생각할 수 있다. 하지만 우리의 모든 것들이 인생에서 필요한 성장이다. 엄마가 되었다고 성장이 멈추는 것은 아니다. 성장이란 내가 찾기 나름이다. 직장에 다녀야만 성장을 하고 있다고 생각하지 말자. 지금 내가 경험하는 모든 것들이 성장이다. 그 성장을 잘 다듬어서 내가 한층 성숙해질 수 있도록 만드느냐, 그저 누구나 하는 경험으로 흘러 보내느냐에 따라 결과는 달라진다. 삶은 쳇바퀴처럼 돌고 있지만, 누군가는 그 안에서 성장하고 있다는 걸 알아야 한다.

엄마의 성장은 혼자만의 성장이 아니다. '엄마'라는 자리는 가족의 중심이 되기 때문이다. 왜 갑자기 놀라거나 충격에 '엄마야'라는 단어가 단번에 나오는 줄 아는가? 우리의 무의식에 엄마라는 존재가 크기 때문이다. 그만큼 무의식적으로 엄마는 자녀의 정신에 무한한 영향력을 주는 존재이다. 엄마의 행복이 자녀들에게 눈에 보이지 않는 큰 영향력으로 지금도 연결되어 있다. 지금 이 순간부터 가족의 삶을 위해 엄마 자신부터 자신의 행복을 찾아나가는 습관을 만들었으면 한다. 모든 엄마들의 행복한 삶이 큰 공동체를 이루고, 그다음 세대들의 행복의 근원이 될 거라 믿는다. 엄마의 행복한 독립을 응원한다.